AF878381

Beiträge
zur Lehre von der Gefangenenbefreiung

(St.-G.-B. §§ 120—122, 347).

Inaugural-Dissertation

zur

Erlangung der Doktorwürde

der

JURISTISCHEN FAKULTÄT

der

Universität Tübingen

vorgelegt von

AUGUST HESS

Regierungsassessor.

GIESSEN 1904

von Münchow'sche Hof- und Universitäts-Druckerei (O. Kindt).

Gedruckt mit Genehmigung der Fakultät.
Referenten: Prof. Dr. Rietschel.
Prof. Dr. Frank.

Meiner lieben Mutter

in Dankbarkeit gewidmet.

Inhalt.

I.
Einleitung.

Die Lehre von der Befreiung eines Gefangenen aus dem Gefängnis oder sonst aus der Gewalt der Obrigkeit hat von jeher in der Wissenschaft eine untergeordnete Rolle gespielt und niemals eine selbständige Behandlung erfahren. Trotz genauer Nachforschungen ist es mir wenigstens nicht gelungen, eine Abhandlung zu entdecken, die sich ex professo mit dieser Materie befasst[1]).

Immerhin erscheint es nicht uninteressant, diese Lehre näher zu untersuchen, und es soll daher im folgenden der Versuch gemacht werden, ihre historische Entwicklung darzustellen und den heutigen Stand der Frage zu beleuchten. Daraus werden sich dann einige Vorschläge ergeben, die bei der Revision des St.-G.-B. eventuell in Betracht zu ziehen wären.

Bei dem Zustand der Quellen war namentlich für das ältere deutsche Recht eine streng systematische Darstellung unmöglich, vielmehr musste ich mich darauf beschränken, die stark zerstreuten Quellenstellen zu sammeln und nach Möglichkeit zu einer übersichtlichen Darstellung zu vereinigen.

---

[1]) Die Dissertation von Hofmann, deren erste 4 Druckbogen mir der Verfasser in liebenswürdigster Weise zur Verfügung gestellt hat, wurde mir erst zugänglich, nachdem die vorliegende Arbeit im wesentlichen beendet war, und konnte daher kaum mehr beachtet werden.

II.

Historischer Teil.

1. Das ältere deutsche Recht bis zur Rezeption.

In den ältesten Quellen des germanischen Rechtes wird des Vergehens der Gefangenenbefreiung nirgends speziell gedacht, dieses geht vielmehr in dem allgemeineren Begriff der Begünstigung auf. Dies mag seine Erklärung einerseits in dem wohl relativ seltenen Vorkommen dieses Delikts finden, andererseits aber auch in der mangelhaften theoretischen Durchbildung des Rechtes überhaupt, das auf den selten vorkommenden Fall keine spezielle Rücksicht nahm. Da das altgermanische Recht die Strafe des Gefängnisses überhaupt nicht kannte, so konnte hier nur die Freilassung eines Sklaven oder eines Kriegsgefangenen in Betracht kommen. Die Freilassung eines fremden Sklaven wurde wohl auch im germanischen Recht, ähnlich wie sich dies bei Untersuchung des römischen zeigen wird[1]), nur als eine Beschädigung des Vermögens desjenigen geahndet, dem der Sklave gehörte. Der kriegsgefangene Feind aber wurde entweder Sklave, oder er wurde den Göttern geopfert, und es ist wohl nicht zu gewagt, anzunehmen, dass im letzteren Fall seine Freilassung als eine gegen die Gottheit, eventuell wohl auch gegen das Gemeinwesen als solches gerichtete Verfehlung betrachtet und demgemäss geahndet worden sei.

---

[1]) Darüber s. unten p. 17 ff.

Da es das ältere germanische Recht jedem, der bei einem öffentlich begangenen schweren Friedensbruch zugegen war, zur Pflicht machte, den Missetäter zu verfolgen und zu ergreifen, und schon die Ausserachtlassung dieser Pflicht als ein Unrecht, als eine Begünstigung des Verbrechers erchien, so war dies noch in viel höherem Grade der Fall, wenn man dem Täter direkt behilflich war, sich der drohenden Rache und der Rechtsverfolgung durch die Flucht zu entziehen [2]). Wer sich dieses Vergehens schuldig machte, wurde als Teilnehmer — Begünstiger — der Tat des Entflohenen behandelt oder verfiel wohl auch in eine bestimmte Geldbusse [3]).

Eine streng systematische Behandlung des Delikts der Gefangenenbefreiung würde man natürlich in diesen älteren Quellen vergeblich suchen, diese war vielmehr erst das Ergebnis der Rezeption, immerhin aber werden doch die Befreiung durch den Gefängniswärter, Gerichtsdiener oder den sonst mit der Bewachung Beauftragten einerseits [4]) und durch Dritte andererseits geschieden, dergestalt, dass im ersten Falle durchweg eine schärfere Strafe Platz greift. Die Selbstbefreiung des Gefangenen dagegen wird, soweit ich sehe, nirgends speziell unter Strafe gestellt [5]). Am ausführlichsten wird die Befreiung durch Dritte behandelt, während die durch Beamte bewirkte nur ausnahmsweise besonders hervorgehoben wird. Daher soll auch im folgenden jene in erster Linie dargestellt und im Anschluss daran die besonderen Strafbestimmungen gegen Beamte gebracht werden. Innerhalb der so gewonnenen Abschnitte wird dann weiter, so weit möglich, eine Scheidung nach den verschiedenartigen Quellen des Rechts — Volksrechte,

---

[2]) Einzelheiten s. bei Wilda: Strafrecht der Germanen I, 635 ff.; Brunner: Deutsche Rechtsgeschichte II, 575 ff.

[3]) S. die Nachweisungen bei Wilda und Brunner a. a. O.

[4]) Diese Fälle werden der Kürze halber hier künftig unter der Bezeichnung „Befreiung durch Beamte“ zusammengefasst werden.

[5]) S. unten S. 4 ff.

Kapitularien und Landfrieden, Landrechte, Stadtrechte — einzutreten haben.

a) Befreiung durch Dritte.

Von den Volksrechten bestimmt zunächst die lex Salica[6]) XXXII, § III: „Si quis ligatum per superbia aut per virtute a garafionem tulerit, de vita sua componat." (Emendata bei Hessels XXXIV, 5: „Si quis hominem noxium ligatum per vim tulerit grafioni, vitam suam redimat.") Hiernach hat also eigentlich derjenige, der einen im Gewahrsam des Grafen befindlichen Gefangenen eigenmächtig befreit, die Todesstrafe verwirkt. Doch soll ihm wie dies der Wortlaut der Emendata, insbesondere das Wort redimere (= zurückkaufen, loskaufen, lösen, befreien) noch deutlicher zeigt, die Möglichkeit gegeben werden, sich durch Zahlung einer gewissen Geldsumme von der Todesstrafe zu lösen.

Während hier also äusserste Strenge geübt wird dergestalt, dass derjenige, welcher den Schuldigen befreit, sein Leben verwirkt, allerdings mit der Möglichkeit, es durch Zahlung einer Summe Geldes auszulösen, droht die lex Ribuaria[7]) LXXIII (bezw. LXXV) § 2 für gewaltsame Befreiung nur Geldstrafen an: „Si quis eum (i. e. furem ligatum) vi tulerit, 60 solidis culpabilis iudicetur." Dass hier die Todesstrafe mit Lösungsmöglichkeit gar nicht mehr erwähnt, sondern an deren Stelle von vornherein eine Geldstrafe gesetzt ist, mag seinen Grund haben in den Erfahrungen, die man bei Handhabung der erwähnten Bestimmung der lex Salica machte. Zweifellos nämlich wurde in der Praxis die Todesstrafe regelmässig abgekauft, wenn der Täter irgend hierzu in der Lage war, und die Verfasser der nach dem Vorbild der lex Salica ausgearbeiteten lex Ribuaria scheuten sich wohl mit Recht, die unnötig harte und in der Praxis doch immer umgangene Strafe mitzuübernehmen.

---

[6]) Geffcken: Lex Salica, Leipzig 1898, XXXII, § III; cf. Hessels-Kern: Lex Salica, London 1880.

[7]) Sohm: Lex Ribuaria, Hannover 1883.

An dieser Stelle mag auch die hierher gehörige Bestimmung des westgothischen Gesetzbuchs Erwähnung finden [8]). Hiernach erhielt, wer einen Dieb oder sonstigen Verbrecher befreite, hundert Hiebe. Konnte er ihn nicht wiederbringen, so hatte er statt des Entflohenen Ersatz zu leisten und die Strafe zu dulden. Noch strenger wurde die Tat behandelt, wenn der Verbrecher schon verurteilt war, und man sich einer Begünstigung schuldig machte, um ihn der Strafe zu entziehen.

Darüber, dass den Beamten, der sich dieses Delikts schuldig machte, härtere Strafe traf, siehe unten.

Die Königsgesetze (Kapitularien) übergehen, soweit ich sehe [9]), das hier erwähnte Delikt vollständig mit Stillschweigen, während sie, wie später zu zeigen sein wird, die Gefangenenbefreiung durch Beamte hin und wieder erwähnen. Ebenso wie in den Kapitularien findet sich auch in der kaiserlichen Landfriedensgesetzgebung des 12. und 13. Jahrhunderts kein direkter Hinweis auf die Gefangenenbefreiung. In keinem der grösseren Landfrieden [10]) ist die Gefangenenbefreiung speziell erwähnt, vielmehr wurde der seltene Fall wohl nötigenfalls unter das Verbrechen der Rebellion subsumiert, was auch nach der Definition, die z. B. das Gesetz Heinrichs VII. über

---

[8]) cf. Wilda I, 636 ff und die dort angeführte Quellenstelle. S. auch die neue Ausgabe der lex Visigothorum von Zeumer (VI, 2, 4) in den Monumenta Germaniae, legum sectio I, tom 1, p. 259. Eine mit dem Wilda'schen Citat inhaltlich genau übereinstimmende Stelle vermochte ich bei Zeumer nicht zu finden.

[9]) Untersucht wurden die capitularia regum Francorum, herausgegeben von Boretius & Krause in den Monumenta Germaniae, legum sectio II, tom. 1 u. 2. Hannover 1883 u. 1897.

[10]) Untersucht wurden nach Pertz, Monumenta Germaniae, Leges II, die Landfrieden, bezw. Strafgesetze von 1103, 1156, 1158, 1186, 1234, 1235, 1281. Cf. auch Monumenta Germaniae constitutiones ed. Weiland I, 125, 239, 449 ff. II, 428 ff.

Majestätsverbrechen vom Jahre 1313 (Pertz II, 544) gibt[11]), keine Schwierigkeit machen konnte.

Auch in den sonstigen Rechtsquellen des Mittelalters findet sich die Gefangenenbefreiung verhältnismässig selten erwähnt[12]). Einer der Hauptgründe für dieses seltene Vorkommen mag wohl darin zu suchen sein, dass man der Privatwillkür des Verletzten bei der Rechtsverfolgung einen weiten Spielraum liess, dergestalt, dass z. B. Freilassung eines noch nicht gefesselten Verbrechers durch den Verletzten überhaupt nicht als strafbare Handlung angesehen wurde, eine solche vielmehr erst dann vorlag, wenn ein gefesselter, zur Haft gebrachter Verbrecher entlassen wurde.

Von den Rechtsbüchern interessiert hier in erster Linie der Sachsenspiegel, dessen einschlägige Stelle nach Homeyer[13]) folgenden Wortlaut hat: „Svelk man enen beklageden man um ungerichte geweldichlike deme gerichte untvort, wert he gevangen mit gerüchte, he sal gelike pine jeneme liden. Kumt aber he enwech, man vervestet ine altohant, of man ine in der hanthaften dat gesen hevet und bescriet mit deme gerüchte, unde man dat getugen mach.“ Der Tatbestand dieser Stelle ist folgender: Ein Mann, der „umbe ungerichte“, d. h. wegen eines schweren Deliktes verklagt ist und sich im Gewahrsam des Gerichts befindet, wird mit Gewalt befreit. Diese Handlung stellt einen der schwersten Fälle der Begünstigung der Person des Ver-

---

[11]) Illi omnes et singuli sunt rebelles et infideles nostri et imperii, qui quomodocumque publice vel occulte contra nostrum honorem infidelitatis vel rebellionis opera faciunt, et in nostram seu imperii prosperitatem aliquid machinantur contra nos sive officiales nostros in hiis, que ad commissum eis offitium pertinent rebellando.

[12]) cf. John: Das Strafrecht in Norddeutschland zur Zeit der Rechtsbücher I, 1858 p. 239 ff.; Osenbrüggen: Studien zur deutschen und schweizerischen Rechtsgeschichte 1868, p. 174 ff.; Derselbe: Das alamannische Strafrecht 1860, p. 177 f.

[13]) Homeyer: Sachsenspiegel, Berlin 1835, III Art. 9 § 5; cf. auch Göschen: Das sächsische Landrecht nach der Quedlinburger Handschrift, Halle 1853. — John a. a. O. — Osenbrüggen: Studien a. a. O. — Friese: Das Strafrecht des Sachsenspiegels 1898, p. 93.

brechers dar. Wer sich derselben schuldig macht und in flagranti — „mit gerüchte“ — ergriffen wird, verwirkt nach dem für die Behandlung der Begünstigung auch sonst massgebenden Talionsprinzip die gleiche Strafe, die den Angeklagten getroffen haben würde, wenn das Verfahren gegen ihn zu Ende geführt worden wäre[14]). Während hier also der normale Fall des Delikts erwähnt wird, ist weder über den privilegierten (Selbstbefreiung), noch über den qualifizierten (Befreiung durch Beamte) irgend welche Bestimmung zu finden.

Wie Ficker[15]) nachgewiesen hat, ist der Sachsenspiegel die Grundlage für den Deutschenspiegel geworden, und auf diesem wiederum ruht der Schwabenspiegel. Entsprechend diesem Verhältnis ist auch die Behandlung der vorliegenden Materie in den drei Rechtsbüchern. Fast wörtlich kehrt im Deutschenspiegel[16]) die oben zitierte Stelle des Sachsenspiegels wieder, und die einschlägige Bestimmung des Schwabenspiegels[17]) schliesst sich ihrerseits wieder an den Deutschenspiegel an. Unverkennbar aber ist im Schwabenspiegel ein gewisser Fortschritt in der Erkenntnis des Delikts. Auch wenn der Täter den befreiten Gefangenen wieder vor Gericht bringt, soll er doch, wie ausdrücklich bestimmt wird, die Gewalt, die er dem Gericht angetan hat, büssen. Der hier zu Grunde liegende Gedanke ist wohl folgender: Es liegt eine Konkurrenz vor zwischen einer Entziehung des Gefangenen und einem Angriff auf die im Gerichtswesen sich dokumentierende staatliche Autorität. Die erstere kann durch

---

[14]) cf. John p. 242f.

[15]) Ficker: Über einen Spiegel deutscher Leute. In den Sitzungsberichten der Kaiserl. Akademie der Wissenschaften zu Wien (philos.-historische Klasse) Band 23.

[16]) Ficker: Der Spiegel deutscher Leute, Innsbruck 1859, Art. 213.

[17]) Lassberg: Der Schwabenspiegel oder schwäbisches Land- und Lehnrechtsbuch, Tübingen 1840, Art. 267, 351. — Gengler: Des Schwabenspiegels Landrechtsbuch, Zweite Auflage, Erlangen 1875, cap. 219, 290. — Caspar: Strafrechtlicher Inhalt des Schwabenspiegels. Berlin 1892. p. 18.

Wiedergestellung des Gefangenen rückgängig gemacht werden, der Angriff auf die Autorität des Gerichtes aber nicht.

Die Normen des Sachsenspiegels blieben für die folgenden Jahrhunderte massgebend, insbesondere natürlich für die im Anschluss an den Sachsenspiegel verfassten Rechtsquellen, sofern es deren Redaktoren nicht vorzogen, die relativ geringfügige Materie ganz mit Stillschweigen zu übergehen, was allerdings sehr häufig der Fall war. Die nach dem Sachsenspiegel verfassten Rechtsbücher erwähnen das Delikt meist überhaupt nicht, so die systematische Bearbeitung für Berlin von 1397[18]), das sogenannte Rechtsbuch nach Distinktionen (zweite Hälfte des 14. Jahrhunderts)[19]), und der holländische Sachsenspiegel von 1479[20]), ebenso das sogenannte kleine Kaiserrecht (1320)[21]) und die Rechtsbücher Ruprechts von Freysing (1328)[22]).

Auch die Landrechte übergehen meist die Gefangenenbefreiung vollständig, so die Culmische Handfeste[23]), das österreichische Landrecht (zwischen 1199 und 1230)[24]) und das bayrische Landrecht (Kaiser Ludwigs Rechtsbuch) von 1346[25]). Wenn aber diese Quellen die Gefangenenbefreiung überhaupt erwähnen, so lehnen sie sich aufs engste an die Rechtsbücher an. So enthalten eine genaue Wiedergabe des Sachsenspiegels der soge-

---

[18]) cf. Fidicin: Historisch-diplomatische Beiträge zur Geschichte der Stadt Berlin. Berlin 1837.

[19]) Ortloff: Das Rechtsbuch nach Distinktionen. Jena 1836.

[20]) Holländischer Sachsenspiegel nach der raren Goudaischen Ausgabe v. 1479. Frankfurt u. Leipzig 1763.

[21]) Endemann: Das Kaiserrecht nach der Handschrift von 1372.

[22]) v. Maurer: Das Stadt- und Landrechtsbuch Ruprechts von Freysing. Stuttgart u. Tübingen 1839.

[23]) Leman: Das alte Culmische Recht p. 3 ff.

[24]) Senckenberg: Visiones diversae app. II, p. 211 ff.

[25]) v. Freyberg, Sammlung historischer Schriften und Urkunden IV, p. 381 ff.

nannte livländische Spiegel III, 8[26]) und das schlesische (Breslauer) Landrecht von 1356 [27]) in cap. 254: „Von fredebrecher uff richtunge. Wer so eynen beclaiten man um ungerichte deme gerichte weldelikhe untfürit, wirt her gevangen mit geruchte, her sol like pine ieneme liden. Kumt aber her wech, men virvestit ine alzuhant ob men ine an der hanthaften tad ge sehen hat unde beschriet mit deme geruchte, vnd man das geczügin mak." Die Anlehnung an die Bestimmung des Sachsenspiegels ist hier so augenfällig, dass jede nähere Erläuterung überflüssig erscheint.

Eine gewisse Sonderstellung im deutschen Rechtsleben überhaupt nehmen die friesischen Rechte ein, und diese Stellung spiegelt sich auch bei Behandlung der vorliegenden Frage wieder. Allerdings wird auch hier die Befreiung des gefangenen Verbrechers als ein besonders schwerer Fall der Begünstigung behandelt, aber bezüglich der Bestrafung wird das sonst fast allgemein herrschende Talionsprinzip verlassen und eine bestimmte Strafe normiert [28]). Nach den älteren Longewolder Küren zog die gewaltsame Befreiung eines Diebes die Brandlegung und ausserdem eine hohe Brüche (Strafe, Friedensgeld) nach sich. Aber auch der war schon strafbar, der überhaupt einem gefangenen Verbrecher die Möglichkeit zur Flucht gewährte. Nach dem Brokmerbrief (einer ostfriesischen Rechtsaufzeichnung aus dem Ende des 13. Jahrhunderts) zahlte zwei Drittel seines Wergeldes, wer den gefangenen Dieb laufen liess. Auch westerlauwersche Landfrieden bedrohten das Entweichenlassen von Dieben und anderen Missetätern mit schwerer Brüche, und zwar ohne Rücksicht auf Arglist oder Fahrlässigkeit.

---

[26]) Bunge: Altlivlands Rechtsbücher p. 142. — cf. Freymann, Das Strafrecht der livländischen Ritterrechte p. 21.

[27]) Gaupp: Das schlesische Landrecht.

[28]) cf. His: Das Strafrecht der Friesen im Mittelalter. Leipzig 1901. Bes. p. 98 ff.

Aus der grossen Menge der mittelalterlich-deutschen Stadtrechte[29]) konnten hier natürlich nur die wichtigsten untersucht werden. Auch bei ihnen zeigt sich wieder die gleiche Erscheinung, die oben bei den Rechtsbüchern schon erwähnt wurde. Ein grosser Teil, man kann wohl sagen die Mehrzahl dieser Quellen übergehen die vorliegende Materie entweder vollständig oder behandeln sie doch nur ganz kurz und oberflächlich[30]). Soweit aber diese Rechte sich überhaupt mit unserer Materie befassen, kommen sie über den Standpunkt der alten Rechtsbücher nicht oder doch nur unwesentlich hinaus. So bestimmt das Hamburger Ordelbock von 1270 (X, 1)[31]): „So welk man vmme vngerichte vorclaget wert, dat an syn lyf ofte an syn gud geit, vntuoret den ienich man weldichliken ute deme rechte, vnde wert he gevangen, he schol like pyne dogen deme mysdadegen manne. Kumpt he auer enwech, men schol ene vorvesten also den schuldegen, ofte men dat tugen mach, na dessem stadrechte.“ Auch hier also wird derjenige, welcher einen schweren Missetäter — „vmme ungerichte, dat an syn lyf ofte an syn gud geit“ — gewaltsam befreit, mit der Strafe belegt, die der Befreite verwirkt hatte. Auch die späteren Hamburger Rechtsaufzeichnungen, das Stadtrecht von 1292 und dasjenige von 1497 bringen dieselbe Bestimmung fast unverändert wieder[32]).

Die Stadt Lübeck wurde um 1160 von ihrem Gründer, Herzog Heinrich dem Löwen, mit Rücksicht auf die west-

---

[29]) cf. Schröder: Deutsche Rechtsgeschichte. Vierte Auflage. p. 676 ff. — Stobbe: Geschichte der deutschen Rechtsquellen I, § 51 ff. — Gengler: Deutsche Stadtrechte des Mittelalters, 1852. — Gaupp: Deutsche Stadtrechte des Mittelalters 1851/52 und die dort angegebene Literatur.

[30]) Erfolglos wurden hier insbesondere untersucht die Stadtrechtsquellen von Strassburg, Köln, Saarbrücken, Freiburg i. B., Soest, Bremen, München, Freysing, Memmingen, Frauenfeld (Schweiz), Wien, Brünn u. a.

[31]) Lappenberg: Hamburgische Rechtsaltertümer I, Hamburg 1845.

[32]) Lappenberg a. a. O.

fälische Herkunft der Kolonisten mit Soester Recht bewidmet[33]). Entsprechend dieser Herkunft (s. oben S. 10, Anm. 30) erwähnt das älteste Lübecker Recht noch nichts von der Gefangenenbefreiung, während in dem späteren Rechte, das z. T. direkt von Hamburg übernommen ist, auch die oben angeführte Bestimmung des Hamburger Rechts von 1270 wiederkehrt[34]).

Auf demselben Standpunkt wie das soeben erwähnte Recht steht im 14. Jahrhundert auch das weitverbreitete und sehr einflussreiche Magdeburger Recht[35]). Die älteren Quellen, wie das Privileg des Erzbischofs Wichmann von 1188[36]), das von den Magdeburger Schöffen an Herzog Heinrich I. von Schlesien wahrscheinlieh für die Stadt Goldberg eingesandte Recht (ohne Datum)[37]), das im Jahre 1235 an Herzog Heinrich für Neumarkt übersandte Recht[38]), das von den Schöffen und Ratmannen zu Magdeburg Herzog Heinrich III. und der Stadt Breslau 1261 mitgeteilte Recht und die demselben später beigefügten Zusätze[39]), sowie endlich das von den Magdeburgischen Schöffen und Ratmannen im Jahre 1295 der Stadt Breslau mitgeteilte Recht[40]) enthalten sämtlich überhaupt keine Andeutungen über die Gefangenenbefreiung. Das von den Magdeburger Schöffen im Jahre 1304 der Stadt Görlitz mitgeteilte Recht[41]) dagegen bringt in Art. 115 die Strafbestimmung des Sachsenspiegels mit unwesentlichen Abänderungen wieder.

---

[33]) cf. Schröder, a. a. O. p. 681.

[34]) cf. Hach: Das alte lübische Recht. Lübeck 1839.

[35]) cf. Gaupp: Das alte Magdeburger und Hallische Recht 1826; Tzschoppe u. Stenzel: Urkundensammlung zur Geschichte des Ursprungs der Städte etc., Hamburg 1832; und besonders Laband: Magdeburger Rechtsquellen, Königsberg 1869.

[36]) Laband p. 1 ff.

[37]) Laband p. 4 ff.

[38]) Laband p. 7 ff.

[39]) Laband p. 14 ff.

[40]) Laband p. 27 ff.

[41]) Gaupp p. 309.

Der diesen Bestimmungen zu Grunde liegende Gedanke, dass derjenige, welcher einen Gefangenen befreit, als Begünstiger behandelt wird und gleich wie ein Bürge die Schuld bezw. die Strafe des Befreiten auf sich nehmen muss, scheint auch ausgesprochen zu sein in dem alten Bamberger Recht [42]. Hiernach hat derjenige, der einen Schuldgefangenen gewaltsam befreit, sich „des Gerichts unterwunden", und die Strafe für dieses Delikt scheint eben nach dem Talionsprinzip bestimmt worden zu sein.

Nicht unerwähnt möchte ich schliesslich die folgende Bestimmung des Freiburger Rechts von 1520 lassen (XCVII, 1) [43]: „Welcher unsern dienern einichen gefangen abdrünge, oder sy daran verhinderte, so sy den fahen wölten, dessglichen die gefangen usser unser Statt thürnen und gevenknuss, on unser wissen und willen erledigte, der sol in haftung, band und schuld stan, in allermass wie der gevangen gestanden ist, und darzu umb zehen pfund pfennig gestraft und gebüsset werden." Neben der nach dem Talionsprinzip eintretenden Sühne ist also hier noch eine besondere Strafe festgesetzt und damit der erste Schritt getan, um die Behandlung der Gefangenenbefreiung von derjenigen der Begünstigung zu trennen und selbständig zu gestalten. Eine weitergehende Bestimmung enthält ausserdem noch das Goslarer Recht [44]: „Wert en upgeholden unde in de hachte gebracht, we deme ut der hachte hilpt mit rade oder dat, weder der kleghere willen unde des richteres, dat is en vredebrake." Die Strafe des Friedbrechers aber ist, wie weiter bestimmt wird, in erster Linie die Todesstrafe (Rädern, Verbrennen, Enthaupten, Hängen), ausserdem Recht- und Ehrlosigkeit.

Man sieht, der Talionsgedanke tritt mehr und mehr zurück und macht einer bestimmt normierten Strafe Platz;

---

[42]) cf. Zoepfl: Das alte Bamberger Recht als Quelle der C.C.C. Heidelberg 1839, p. 125 ff. cf. auch daselbst Urkundenbuch, Bamberger Stadtrecht § 131.

[43]) cf. Osenbrüggen: Alamannisches Strafrecht p. 172.

[44]) Göschen: Die Goslarischen Statuten. Berlin 1840. p. 35.

die Gefangenenbefreiung wird allmählich nicht mehr nur als ein Fall der Begünstigung, sondern als selbständiges Delikt behandelt.

b) Befreiung durch Beamte.

Der durch dritte (fremde) Personen verursachten Gefangenenbefreiung wird die durch Gefangenwärter, Gerichtsdiener, Wächter, mit der Bewachung speziell Beauftragte, Transporteure etc., kurz durch Beamte im weitesten Sinne gegenübergestellt, und zwar trifft, wie schon oben erwähnt, den Beamten im allgemeinen härtere Strafe, als den Nichtbeamten. Bei der Bestrafung des Beamten tritt, um dies schon hier hervorzuheben, der Gedanke der Talion sehr entschieden hervor. Ebenso wie in Rom in der Kaiserzeit der Kerkermeister die Strafe des durch seine Schuld, sei es Vorsatz oder Fahrlässigkeit, entkommenen Gefangenen verbüssen musste, lassen auch die germanischen Rechte eine ähnliche Reaktion eintreten [45]. So bestimmt aus der Zeit der Volksrechte und Kapitularien das Dekret Childeberts II. vom Jahre 596 [46]: „Si quis iudex comprehensum latronem convictus fuerit relaxasse, vitam suam amittat.“ Auch dem Beamten also wird, wie dem Nichtbeamten, die Todesstrafe angedroht, seine Strafe ist aber insofern schwerer wie die des Nichtbeamten, als ihm eine Möglichkeit, die verwirkte Todesstrafe abzulösen, nicht gewährt wird [47].

Von den Rechtsbüchern erwähnt das spezielle Amtsdelikt, soweit ich sehe, nur der Schwabenspiegel [48]: „Svem gevangen liute bevolhen werdent, der ir ze rehte hüeten sol; und entrinnent si dem, er sol si wider suchen und vahen ob er mac. Und mac er ir nicht wider geantwurten,

---

[45]) Günther: Idee der Wiedervergeltung I, p. 192 ff. — S. auch Osenbrüggen: Studien p. 174.

[46]) Monumenta Germaniae capitularia I, Nr. 7, § 7 (p. 17).

[47]) cf. ferner das hierher gehörige Kapitular Karls des Grossen, Monumenta Germaniae capitularia I, Nr. 77, § 13 (p. 171 f.).

[48]) Gengler cap. 290, § 2. — Ebenso: Lassberg: Art. 351.

er soll allen den schaden und alle die buze liden, die iener solte liden, der im da entrunnen ist." Den Beamten trifft also die Talion, er muss die Strafe des Entflohenen verbüssen, und zwar, wie es scheint, ohne Rücksicht auf sein Verschulden. In den beiden anderen grossen Rechtsbüchern (Sachsenspiegel und Deutschenspiegel) wird, soviel ich sehe, die Gefangenenbefreiung durch Beamte nicht besonders erwähnt, ebensowenig in den daran anschliessenden Rechtsbüchern und den oben erwähnten Landrechten. Häufiger finden sich dagegen Bestimmungen in den Stadtrechten. So bestimmt das Augsburger Stadtrecht von 1276[49]) in Art XCII, § 1: „... verwarlosten die sulzer daz daz der gevangen einer uz dem stocke chome, in swelher wise der hin gienge von ir unbewaerde, umbe swelke schulde der in den stok waere chomen, in den selben schulden sol er sin." Hier wird also die nach dem Talionsprinzip zu bemessende Strafe dem Beamten schon für den Fall der Fahrlässigkeit angedroht.

Denselben Gedanken der Talion spricht auch noch in späterer Zeit die Gerichtssatzung von Brugg im Aargau vom Jahre 1620 aus, wenn sie bezüglich der Gefängniswärter bestimmt[50]): „Wenn ein Gefangener aus den Banden entfleucht, alsdann soll der Amtmann, dem er entwichen ist, in sein Fussstapfen stahn und dieselbe Straf dulden, so der schuldig umb seinen begangenen Misshandel hette sollen leiden, es seye todlich oder leiblich." Die Talion soll also eingreifen, ohne Unterschied, ob es sich um vorsätzliche oder fahrlässige Befreiung handelt. Trotzdem wird schon in früheren Rechten ein Unterschied gemacht, ob der Beamte den Gefangenen vorsätzlich hat laufen lassen oder ob ihm ein derartiges Verschulden nicht zur Last fällt[51]). Gegenüber dem letzterwähnten Stadtrecht, das noch im Anfang des 17. Jahrhunderts, lange nach der Carolina, das reine Talionsprinzip sanktioniert, bedroht

[49]) Meyer: Das Stadtbuch von Augsburg. Augsburg 1872. p. 174.

[50]) Osenbrüggen: Studien p. 175.

[51]) cf. Osenbrüggen: Studien p. 175, insbesondere Note 58.

schon das wesentlich ältere Nürnberger Recht[52]) die Freilassung von Gefangenen, die neben anderen Amtsdelikten aufgeführt wird, lediglich mit Rutenstrafe und Loch, sagt sich also damit von der reinen Talion los und wendet sich bestimmt fixierter Strafe zu. Dass aber derartige spezielle Strafsanktionen absolut die Ausnahme bildeten, zeigt auch eine Untersuchung der Weistümer, die hin und wieder unsere Materie behandeln[53]). Der Wächter (buttel), der den Gefangenen entrinnen lässt, wird nicht mit einer bestimmten Strafe bedroht, vielmehr soll er sein „desselben schuldig, des giner schuldig was" oder „er sol sich legen an sine stat."

Zum Schlusse wäre noch zu untersuchen, welche Behandlung die vorliegende Materie in der Praxis der Schöffengerichte erfuhr[54]). Meist wird hier das Delikt mit Stillschweigen übergangen, nur in den Magdeburger Schöffensprüchen wird es zweimal erwähnt[55]). Nach der einen Stelle, einem Schöffenspruch für Zerbst aus dem Anfang des 15. Jahrhunderts, soll derjenige, der dem Gefangenen eingestandenermassen bei seiner Flucht behilflich

---

[52]) Knapp: Das Altnürnberger Kriminalrecht. Berlin 1896 p. 298.

[53]) So: ein Weistum für Ebersheimmünster im Unterelsass von 1320 (Grimm: Weistümer I [1840] p. 669) und eines für Lutterbach i. E. aus dem Anfang des 15. Jahrhunderts (Grimm a. a. O. IV. [1863] p. 105).

[54]) Untersucht sind hier folgende Werke: a) Neumann: Magdeburger Weistümer aus den Originalen des Görlitzer Ratsarchivs, Görlitz 1852 (enthaltend 80 Weistümer aus den Jahren 1414—1547). b) Die sog. Magdeburger Fragen bei Stobbe: Zeitschrift für deutsches Recht, Band 17, und Augsburger Ausgabe des Ssp. 1517. c) Die sog. Schlesische Sammlung; cf. Böhme: Beiträge II, 2. Berlin 1775. d) Michelsen: Der ehemalige Oberhof zu Lübeck und seine Rechtssprüche. Altona 1839 (enthaltend 260 Urteile aus der Zeit von 1401—1598). e) Alte Magdeburgische Schöppenurteile aus dem 15. und 16. Jahrhundert (Walch: Beiträge VIII, Jena 1793, p. 255 ff.). f) Das älteste Culmische Recht, bei Spangenberg: Beiträge zu den deutschen Rechten. Halle 1822. g) Leman: Das alte Culmische Recht. Berlin 1838. h) Magdeburger Schöffensprüche, ed. Friese u. Liesegang, Band I, Berlin 1901.

[55]) Friese u. Liesegang: l. c. p. 104 u. 120.

gewesen ist, nur Busse und Wette zahlen, da der Begünstigte selbst sich von der Beschuldigung freischwören will. Nach einem andern Spruch für Gross-Salza aus der Mitte des 16. Jahrhunderts sollen zwei Bürger, die sich einer gewaltsamen Gefangenenbefreiung — in Konkurrenz mit allerhand anderen Delikten — schuldig gemacht haben, falls nicht etwa besondere Stadtwillküren vorhanden sind, als Friedebrecher peinlich bestraft werden.

Wie ein Überblick über die seither angeführten Bestimmungen lehrt, vermochte das ältere deutsche Recht sich nicht zu einer zusammenfassenden systematischen Behandlung der Lehre von der Gefangenenbefreiung durchzuringen. Meist wird sie als selbständiges Delikt überhaupt nicht erwähnt, und wo dies doch geschieht, ist der Begriff keineswegs klar und scharf von anderen Delikten, speziell der Begünstigung, geschieden. Vielfach wird die Gefangenenbefreiung nur als ein Fall der Begünstigung neben anderen behandelt, und selbst wo man den selbstständigen Charakter herauszufinden anfängt, sind die Nachwirkungen der älteren Auffassung unverkennbar. Aus dieser Auffassung der Gefangenenbefreiung als eines Begünstigungsfalles erklärt es sich, dass man die objektiven und subjektiven Erfordernisse der Begünstigung auf die Gefangenenbefreiung übertrug, erklärt sich ferner, wie schon oben kurz bemerkt, die Anwendung der Talion bei der Bestrafung, denn die Strafe des Begünstigers wurde eben in der Regel nach dem Talionsprinzip ausgemessen [56]). Aus diesser Auffassung erklärt sich endlich die Straflosigkeit der Selbstbefreiung, da Niemand als Begünstiger der eigenen Tat bestraft werden kann.

Daneben aber ist ein starkes Einwirken civilrechtlicher Vorstellungen auf das strafrechtliche Gebiet unverkennbar. Der Befreier des Gefangenen wird ersichtlich vielfach unter dem Gesichtspunkt des Bürgen behandelt: wie der Bürge für die Schuld des Hauptschuldners aufzukommen hat, so

[56]) cf. John p. 243 f.

muss auch derjenige, der einen Gefangenen, einerlei ob Schuld- oder Strafgefangenen, aus dem Gefängnis befreit, dessen Rolle übernehmen und die erwirkte Strafe leiden, bezw. die Schuld zahlen.

Endlich ist auffallend die geringe Durchbildung der Begriffe und vor allem der gänzliche Mangel einer inneren Weiterbildung des Rechts. Die am Ende der Periode verfassten Rechte stehen fast alle noch beinahe auf dem gleichen Standpunkte wie die Rechtsbücher zu Anfang derselben, ohne dass irgendwelche nennenswerte Weiterentwicklung nachweisbar wäre. Diese auffallende Erscheinung mag ihren Grund einmal in der seltenen Anwendung der betreffenden Rechtsnormen vor Gericht haben, andererseits in dem Mangel einer gesunden, auf theoretische Weiterentwicklung des Rechts bedachten Wissenschaft. Die natürliche Folge dieses Mangels an Bewegung und Leben war eine gewisse Stagnation und Verknöcherung des Rechts.

2. Das römische Recht und die italienische Jurisprudenz.

Um dem erstarrten deutschen Recht neue Lebenskraft einzuflössen, bedurfte es einer Einwirkung von aussen, und diese kam ihm aus dem Heimatlande der klassischen Jurisprudenz, von Italien. Dort hatte sich an Hand der wiederentdeckten Quellen des römischen Rechts eine mächtig aufblühende Wissenschaft ausgebildet, die nicht nur für Deutschland, sondern für die ganze gebildete Welt von entscheidendem Einfluss wurde. Da, wie gesagt, diese italienische Jurisprudenz auf dem römischen Recht ruht, ist es erforderlich, hier zunächst kurz zu untersuchen, wie dieses unsere Materie behandelte.

Was zunächst das ältere Recht anlangt, so scheint dieses das Delikt der Gefangenenbefreiung als solches nicht gekannt zu haben. Weder in den zwölf Tafeln, noch im prätorischen Edikt finden sich spezielle Bestimmungen hierüber. Erst die spätere Jurisprudenz hat den Begriff der Gefangenenbefreiung überhaupt erörtert und diese Lehre entwickelt, sodass im Justinianischen Recht eine Reihe von Stellen nachzuweisen sind, die die Materie ex professo behandeln.

Die Lehre ist zwar auch im corpus iuris keineswegs einheitlich durchgebildet, vielmehr findet sich auch dort eine ganze Reihe widersprechender Ansichten. Ob das römische Recht die Gefängnis*strafe* als solche überhaupt gekannt hat, ist bestritten. *Mommsen* (Römisches Strafrecht S. 299, 963) ist der Ansicht, dass *de iure* eine öffentliche Strafhaft weder von dem Recht der Republik, noch von dem der Kaiserzeit anerkannt worden sei, wenigstens soweit die Bestrafung des freien Römers in Betracht kam (anders allerdings bei Sklavendelikten), dass aber *tatsächlich* eine Gefängnisstrafe doch vorgekommen sei. Ich möchte aber mit *Binding* (Grundriss I, 6. Auflage, S. 24) annehmen, dass allerdings auch das römische Recht eine Gefängnisstrafe, wenn auch mit gewissen Beschränkungen, gekannt hat.

Den Kriegsgefangenen erwähnen die römischen Quellen nicht besonders. Der Grund ist wohl derselbe, der schon oben bei dem altdeutschen Recht angeführt wurde, nämlich der, dass die Kriegsgefangenen in jener Zeit fast ausnahmslos als Sklaven, mithin im Rechtssinn als Sachen behandelt wurden. Wer also einen derartigen Gefangenen befreite, machte sich nur einer Vermögensschädigung schuldig und haftete demgemäss (arg. § 16 J. [i. f.] de lege Aqu. 4, 3). Da jedoch ein damnum corpore corpori datum bei einer derartigen Freilassung nicht vorlag, war gegen den Täter nicht die actio legis Aquiliae, weder directa noch utilis, gegeben, sondern eine actio in factum (cf. § 16 l. c.).

Hinsichtlich des Täters wird unterschieden, ob die Befreiung erfolgt

a) durch den Gefangenen selbst, allein oder im Komplott mit anderen, mit oder ohne Gewaltanwendung gegen Personen oder Sachen; oder

b) durch andere Personen, insbesondere durch die Gefängnisaufseher oder diejenigen Personen, denen die Bewachung der Gefangenen ausdrücklich anvertraut ist.

Besonders erwähnt wird neben diesen beiden Fällen noch die Flucht des Soldaten aus der militärischen Haft.

Die einfache Selbstbefreiung, die weder mittels einer Verschwörung, noch auf gewaltsamem Wege erfolgte, wurde mit einer Schärfung der Strafe jeweils um einen Grad geahndet, derart, dass an die Stelle zeitlicher Haft lebenslängliche, an Stelle lebenslänglicher Haft Bergwerksarbeit trat, an die Stelle der Bergwerksarbeit aber Todesstrafe (fr. 28, § 14 de poen. 48, 19)[57])[58]). Bei kürzerer Strafzeit trat an die Stelle dieser qualitativen Schärfung der Strafe wohl auch eine Verlängerung (gewöhnlich Verdoppelung) der Strafzeit (fr. 8, § 7 de poen. 48, 19, wo jedoch neben der Verdoppelung ausdrücklich auch die Schärfung der Strafe erwähnt ist).

Erfolgte die Selbstbefreiung unter erschwerenden Umständen, sei es dass mehrere Gefangene sich zu gemeinsamer Ausführung verbanden, oder dass Gewalt gegen die Abschlussvorrichtungen angewandt wurde, so trat diese Strafschärfung natürlich erst recht ein, ev. konnte diese Schärfung selbst bis zur Verhängung der Todesstrafe gehen (fr. 13 de cust. reor. 48, 3; fr. 1 pr. de effract. 47, 18). Insbesondere traf Todesstrafe den Soldaten, der mit bewaffneter Hand oder unter Anwendung von Gewalt gegen die Abschlussvorrichtungen die Freiheit suchte (fr. 38 § 11 de poen. 48, 19; fr. 13 § 5 de re militari 49, 16).

Die Befreiung eines Gefangenen durch andere Personen, insbesondere durch die Aufseher, wurde in der Kaiserzeit als Majestätsverbrechen (perduellio) be-

---

[57]) Wenn Mommsen: Römisches Strafrecht p. 317 f., den Satz aufstellt: „Das Ausbrechen aus der Haft wird als Kapitalverbrechen geahndet", so geht diese Behauptung in dieser Allgemeinheit für das Justinianische Recht wohl zu weit (cf. fr. 28 cit.).

[58]) Eine ähnliche graduelle Strafschärfung schreibt fr. 28 § 13 de poen. vor für denjenigen, der vorzeitig aus der Verbannung zurückkehrt.

trachtet[59]) und unterlag der Strafe der lex Julia maiestatis (arg. fr. 4, pr. ad leg. Jul. mai. 48, 4)[60]).

Dass diese Stelle nur die vorsätzliche Befreiung im Auge hat, scheint mir der Ausdruck „emittere" zur Genüge darzutun, denn derselbe setzt unbedingt ein positives, schuldhaftes Handeln des Täters voraus und kann nicht auf bloss fahrlässiges Entwischenlassen des Gefangenen bezogen werden. Deshalb will auch Zirkler l. c. die ganze Stelle auf den Magistrat beziehen, der den Gefangenen in Verwahrung hat, da nur dieser die Möglichkeit des „emittere" habe[61]).

Erfolgte die Befreiung des Gefangenen durch die Schuld der Wächter oder doch im Einverständnis mit denselben, so ist nach fr. 12 pr. de cust. 48, 3; fr. 14 pr. § 1, 2 eod. zu scheiden zwischen vorsätzlichem und fahrlässigem Handeln. Bei Fahrlässigkeit trat arbiträre Strafe ein („pro modo culpae")[62]) — Militärwachen gegenüber Geisselung oder Degradation —, bei Vorsatz hingegen Todesstrafe oder „datio in extremum gradum militiae". Eigentümlich berührt es, wenn fr. 12 pr. cit. die Trunkenheit im Dienste ausdrücklich als strafmildernd erwähnt, und zwar selbst bei Soldaten. Eigenartig ist auch der Strafausschliessungsgrund in fr. 14, § 2 i. f., wonach, falls einer von zwei Wächtern zugleich mit dem Gefangenen entflieht, der andere Wächter straflos bleiben soll. Offenbar liegt hier der Gedanke zu Grunde, dass auch die schärfste Aufmerksamkeit und grösste Pflichttreue des einen Wächters die Flucht nicht zu hindern vermag, wenn der andere Wächter so pflichtvergessen handelt.

---

[59]) cf. Mommsen: Römisches Strafrecht p. 560.

[60]) Über die Auslegung dieser Stelle, die speziell den confessum in iudicio reum behandelt s. Zirkler: Lehre vom Majestätsverbrechen p. 110.

[61]) Dass sich diese Stelle nur auf den Gefangenen beziehe, der sich des crimen maiestatis schuldig gemacht habe, wie manche Schriftsteller annahmen, vermag ich nicht einzusehen.

[62]) Fahrlässigkeit war erst seit dem 2. Jahrhundert strafbar, s. Pernice: Labeo II, p. 42 ff. Zweite Auflage.

In der späteren Entwicklung kam mehr und mehr der Gedanke der Talion zum Durchbruch[63]), bis er unter Valentinian im Jahre 371 n. Chr. ausdrücklich die gesetzliche Sanktion erhielt. (l. 4 Cod. de cust. reor. 9, 4). Der gleichen Strafe wie der commentariensis selbst unterlag bei dessen unverschuldeter Abwesenheit auch sein Gehilfe.

An diese Bestimmungen des römischen Rechts lehnen sich die italienischen Juristen des 14. bis 17. Jahrhunderts aufs engste an, und es soll nun im folgenden versucht werden, ihre Ansichten im Zusammenhang darzustellen[64]). Untersucht wurden hier folgende Schriftsteller:

Guilielmus Durandus: Speculum Juris, Buch 3 (Ausgabe von Gebr. Froben, Basel 1572).

Angelus Aretinus: Tractatus de maleficiis (Druck von 1599) p. 176 ff. nu. 54 ff.

Bonifacius de Vitalinis: De maleficiis. (Frankfurter Ausgabe von 1604). lib. IV cap. 25.

Hippolytus de Marsiliis: Practica criminalis (Köln 1581) § diligenter n. 46. § attingam n. 36 ff.

Aegidius Bossius: Tractatus varii (Lugdunum 1566). Tit. de carcere nu. 4 ff. de effractoribus carcerum, de captura nu. 4 ff.

Julius Clarus: Sententiarum receptarum lib. V (Frankfurt 1590) Quaestio 21, nu. 18 ff.

Tiberius Decianus: Tractatus criminalis (Frankfurt a. M. 1591), lib. V cap. 33, nu. 17; lib. II, cap. 13, nu. 4 ff.; lib. VI, cap. 28, nu. 28 ff.; lib. VII, cap. 11.

Jacobus Menochius: De arbitriis iudicum quaestionibus et causis libri duo (Frankfurt a. M. 1576) lib. II, centuria IV, cas. 301, 302, 303.

---

[63]) Günther: Idee der Wiedervergeltung I, p. 150.

[64]) Sehr fühlbar machte sich hier der Mangel einer zusammenhängenden systematischen Darstellung. cf. jetzt auch Hofmann a. a. O. p. 16 ff.

Prosper Farinacius: Opera criminalia (IV. Ausgabe Frankfurt bezw. Nürnberg, ohne Jahreszahl) pars 1 lib. 1. tit. 4, quaest. 30, 31, 22.

Es kann hier nicht die Aufgabe sein, die teilweise in ermüdender Weitschweifigkeit und Kasuistik sich verlierenden Erörterungen im einzelnen genau darzustellen, vielmehr muss es genügen, die Hauptgrundsätze klarzulegen, soweit dies überhaupt bei der vielfachen Abweichung im einzelnen möglich ist.

Charakteristisch erscheint dieser Periode das unsichere Hin- und Herschwanken namentlich bezüglich der Strafe. Als gesetzliche Grundlage dient noch immer das römische Recht, modifiziert durch Sätze des kanonischen Rechts und durch italienische Lokalstatuten. Offenbar aber hat man das Gefühl, dass dieses Recht in die Zeit nicht mehr ganz hineinpasse und sucht es z. T. durch sehr gezwungene Auslegungen und Deutungen zu umgehen und ausser Kraft zu setzen.

Bei der folgenden Darstellung stütze ich mich im grossen und ganzen auf Prosper Farinacius als denjenigen, der den Abschluss dieser Epoche bildet, doch sind nach Möglichkeit auch abweichende Ansichten herangezogen.

Als Gefangener gilt nicht nur derjenige, der im öffentlichen Kerker sitzt, sondern es ist jeder Raum, der vom Richter dem Gefangenen als Aufenthaltsort angewiesen wird, dem öffentlichen Gefängnis gleichgestellt. Doch ist es nicht einmal erforderlich, dass der Delinquent irgendwie eingekerkert ist; als Gefangener gilt vielmehr auch derjenige, der sich befindet „sub praecepto vel arresto et sine custodia“, worunter wohl eine Art Hausarrest verstanden sein mag; desgleichen, wer von einem Beamten verhaftet ist, nicht aber der von Privaten Verhaftete, bevor er an den Beamten abgeliefert ist. Ebenso gilt natürlich als Gefangener der Schuldgefangene, nicht aber derjenige, der gegen Kaution entlassen ist.

Je nach der Person des Täters wird die Gefangenenbefreiung eingeteilt in:

1. Selbstbefreiung, die wieder erfolgen kann entweder mit oder ohne Ausbruch aus dem Gefängnis.

2. Befreiung durch den Richter, Gefängnisbeamten oder -wärter.

3. Befreiung durch dritte Personen.

Die reguläre Strafe des Ausbruchs aus dem Gefängnis, dem auch der Bruch der Fesseln, sowie das Übersteigen der Gefängnismauern gleichgestellt ist, ist nach Prosper Farinacius die poena capitis. Darüber aber, was hierunter zu verstehen sei, ob Todesstrafe oder eine andere arbiträre Kapitalstrafe, herrscht unter den Juristen die grösste Meinungsverschiedenheit. Farinacius selbst führt nicht weniger als sieben verschiedene Meinungen an, welche einen sehr weiten Spielraum lassen, von der einfachen Geldstrafe bis zur Todesstrafe. Er unterscheidet zwei Hauptfälle, je nachdem dem Aufbrechen des Kerkers die Flucht des Gefangenen gefolgt ist oder nicht.

Ist der Gefangene tatsächlich entflohen, so soll ihn die poena capitis treffen. Doch soll hierunter nicht die Todesstrafe verstanden sein, sondern eine mildere Strafe nach richterlichem Ermessen.

Der zweite Fall ist der, dass eine Flucht noch nicht erfolgt, sondern die Tat im Versuchsstadium stecken geblieben ist. Für diesen Fall lehnt Farinacius die offenbar bis dahin herrschende Ansicht ab, dass der Gefangene, der zu fliehen versucht, als geständig behandelt werden und deshalb die Strafe des Deliktes erleiden solle, dessen er beschuldigt war. Er weist nach, zu welch widersinnigen Resultaten eine derartige Behandlungsweise führt, und betont ausdrücklich, dass die Flucht als ein selbständiges Delikt zu strafen sei, unter Berücksichtigung der konkreten Umstände.

Als Ergebnis seiner Betrachtungen stellt er schliesslich den Satz auf, dass derjenige, der aus dem Gefängnis ausbricht, mit arbiträrer Strafe zu belegen sei, einerlei ob er wirklich geflohen ist oder nicht; das etwaige Unterbleiben der Flucht wirkt hierbei strafmindernd. Eine Bestrafung tritt jedoch nicht ein, wenn der Gefangene flieht „animo revertendi“ und er dann auch wirklich wieder zurückkehrt. Ebenso bleibt der flüchtige Gefangene straflos, wenn er „iniuste“ eingekerkert war, wobei nicht sowohl die materielle Unschuld des Gefangenen, als vielmehr die formelle Ungesetzlichkeit seiner Verhaftung in Betracht zu ziehen ist, so z. B., wenn die Verhaftung vom unzuständigen Richter oder in ungesetzlicher Weise vorgenommen war. Straflos bleibt die Selbstbefreiung auch dann, wenn durch den schlechten Zustand des Gefängnisses Leben oder Gesundheit des Gefangenen bedroht erscheint, oder wenn derselbe vom Richter oder Gefängniswärter unvorschriftsmässig oder gar so behandelt wurde, dass sein Leben gefährdet erschien. Flieht aber der Gefangene vor der „saevitia“ des Gefangenwärters, so ist er verpflichtet, sich dem Richter zu stellen, sonst ist er strafbar. Geschärft wird andererseits die Strafe, wenn bei dem Ausbruch ein Mensch (etwa der Gefängniswärter) getötet oder verwundet wurde.

Die Befreiung aus der Gewalt der Beamten unterliegt im wesentlichen denselben Grundsätzen, wie diejenige aus dem Gefängnis, nur wird die Strafe hier geringer bemessen, da das qualifizierende Moment, das in dem Aufbrechen des „geheiligten“ Raumes des Kerkers liegt, in Wegfall kommt. Die Strafe ist auch hier arbiträr, in besonders schweren Fällen kann sie bis zur Todesstrafe geschärft werden; sie fällt auch hier weg, wenn die Beamten ungesetzlich, insbesondere ohne speziellen Befehl des Richters, jemanden verhaften wollten.

Den Gefangenwärter, durch dessen Verschulden ein Gefangener entkommt, trifft im allgemeinen die Talion, falls ihm nimia negligentia — grobe Fahrlässigkeit — zur Last fällt. Ist sein Verschulden leichter, so wird er nach richterlichem Ermessen gestraft, je nach dem Masse seiner Schuld. In besonders leichten Fällen, namentlich wenn eine Flucht des Gefangenen noch nicht erfolgt ist, kann die Strafe auf Amtsentsetzung beschränkt werden. Bei levis und levissima culpa haftet der Gefangenwärter nicht kriminell, sondern nur nach den Grundsätzen der lex Aquilia auf Schadensersatz.

Der Gefangenwärter haftet auch für seine Unterbeamten, die er selbst bestellt hat, jedoch nur wegen culpa in eligendo.

Bei der Flucht eines Schuldgefangenen wird der Gefangenwärter im allgemeinen wie ein Depositar behandelt und haftet dem Gläubiger für sein Interesse. Ausserdem aber wird er noch extraordinär gestraft, bei Fahrlässigkeit regelmässig mit Amtsentsetzung, bei dolus schwerer. Der Flucht des Schuldners ist der Fall gleichgestellt, dass der Gefangenwärter ihn ohne speziellen Befehl des Richters aus der Haft entlässt. War der entflohene Schuldner notorisch zahlungsunfähig, so haftet der Gefangenwärter weniger streng. Seine Haftung fällt, abgesehen von dem Falle des dolus, gänzlich weg, wenn der Gefangene „nulliter“ oder „non rite captus“ war, ebenso wenn die Flucht in einer so ungewöhnlichen Art und Weise vollführt wurde, dass der Wächter dies nicht ahnen konnte, wenn einer der Wächter Verrat übte, oder wenn die Gefangenen Gewalt gegen den Wächter anwandten.

Wenn endlich ein Dritter den Gefangenen aus dem Gefängnis befreit, so haftet er regelmässig wegen Majestätsverbrechen nach der lex Julia maiestatis, falls der Befreite dieses Verbrechen oder ein anderes Kapitalverbrechen begangen hatte und dessen geständig, überführt oder deswegen verurteilt war. Die regelmässige Strafe ist Todesstrafe und Vermögenskonfiskation; Verwandtschaft zwischen Befreier und Befreitem wirkt strafmindernd. Ebenso haftet, wer einen geständigen, überführten oder verurteilten Verbrecher aus der Gewalt der Beamten befreit. Andererseits ist aber auch bestimmt, dass der Befreier dieselbe Strafe zu erleiden habe, die der Befreite verwirkt hatte, und ausserdem noch eine extraordinäre Strafe „propter turbatam iurisdictionem.“ Neben dem Talionsgedanken zeigt sich also auch hier schon deutlich die Anschauung, dass die Gefangenenbefreiung ein selbständiges Delikt ist, das unabhängig von der Haupttat zu strafen ist. Als „Gefangener“ gilt auch hier der von Privatpersonen Verhaftete erst dann, wenn er an den zuständigen Beamten abgeliefert ist.

Wer einen gefangenen Schuldner befreit, haftet neben demselben auf Zahlung der verlangten Summe und zwar selbst dann, wenn der Entflohene tatsächlich gar nicht der Schuldner war oder doch nicht die ganze Summe schuldete; ausserdem verwirkt er noch eine arbiträre Strafe. Straflos bleibt die Befreiung, wenn der Gefangene iniuste eingekerkert war, Verwandtschaft zwischen Befreier und Befreitem wirkt strafmindernd.

Der Fortschritt, den diese Lehren gegenüber dem alten deutschen Rechte darstellen, ist zunächst ein formeller, die scharfe Dreiteilung des Delikts je nach der Person des Täters in Selbstbefreiung, Befreiung durch den Gefangenwärter und solche durch Dritte, wie sie vorher in dieser Prägnanz nicht erwähnt wird. In materieller Hinsicht ist der Hauptgewinn die Erkenntnis, dass die Talion unzweckmässig und vielmehr arbiträre Strafe angemessen sei, eine Erkenntnis, die jedoch bis zu ihrer allgemeinen Anerkennung noch eines langen Kampfes bedurfte.

3. Von der Rezeption bis zum Ende des 18. Jahrhunderts.

Der Aufschwung der italienischen Wissenschaft blieb auch für Deutschland nicht ohne Folgen, da die deutschen Juristen vielfach die italienischen Universitäten aufsuchten, um dort das durch Bestimmungen des kanonischen Rechts modifizierte, von der italienischen Wissenschaft bearbeitete und fortgebildete römische Recht zu studieren und dann nach ihrer Rückkehr auch in der Heimat zur Anwendung zu bringen. So vollzog sich von der Mitte des 15. Jahrhunderts an allmählich jene für das ganze fernere Rechtsleben so unendlich bedeutsame, tief in dasselbe einschneidende Wandlung, die Rezeption des römischen und kanonischen Rechtes in Deutschland. War auch ihre Bedeutung für das Civilrecht wesentlich grösser, als für das Strafrecht, so blieb sie doch nicht ohne Wirkung auch auf das letztere. Durch die schärfere und z. T. veränderte Begrenzung civilistischer Begriffe bekamen auch die strafrechtlichen Normen vielfach einen anderen Inhalt, und vor allem war es für die Rechtsentwicklung von enormer Bedeutung, dass mit dem fremden Recht auch die fremde Rechtsgelehrsamkeit in Deutschland ihren Einzug hielt und zur theoretischen Weiterbildung des Rechtes nicht unerheblich beitrug. Bot auch die deutsche Strafrechtswissenschaft anfänglich, im 16. Jahrhundert, noch ein recht trostloses Bild, da ihre Träger sich meist in geist- und kritiklosem Abschreiben unverstandener römischer Quellen ergingen, so ist doch schon in der zweiten Hälfte des 16. Jahrhunderts unter dem Einfluss der italienischen Jurisprudenz ein Fortschritt unverkennbar, bis schliesslich durch die sächsischen Juristen des 17. Jahrhunderts die auf der CCC ruhende Wissenschaft zu hoher Blüte gebracht wurde.

„Getragen von der in weiten Gebieten Niederdeutschlands tief gewurzelten, durch die fremden Rechte nicht erschütterten, durch den Sachsenspiegel zusammengehaltenen gemeinsamen Rechtsanschauung; — so urteilt Liszt in seinem Lehrbuch (12. u. 13. Auflage, p. 29 f.) über diese sächsischen Rechtsgelehrten, — „gestützt auf eine zielbewusste, weit und breit angesehene Gesetzgebung; befruchtet durch die stets rege Wechselwirkung von Wissenschaft und Rechtsleben, erringen sie sich die führende Rolle in Gesetzgebung, Literatur und Rechtspflege."

War so einerseits der Boden gegeben für die wissenschaftliche Weiterentwicklung des Rechts, so blieb auch die Gesetzgebung nicht untätig. In der zweiten Hälfte des 15. und der ersten des 16. Jahrhunderts entstand eine bedeutende Zahl von Halsgerichtsordnungen (Landgerichtsordnungen, Landesordnungen etc.), welche, wenn auch wesentlich auf alten deutschrechtlichen Anschauungen stehend, doch mehr oder weniger von fremden Rechten beeinflusst waren. Die für das ganze Rechtsleben wichtigsten und bedeutendsten waren die Constitutio criminalis Bambergensis von 1507, die Constitutio criminalis Brandenburgensis von 1518 und die Constitutio criminalis Carolina von 1532. Diese Halsgerichtsordnungen regelten zwar in erster Linie das Strafverfahren, enthielten aber daneben doch auch eine Reihe von materiell-rechtlichen Bestimmungen. Bevor wir jedoch zu deren Betrachtung übergehen, erübrigt es noch, einen Blick zu werfen auf die populäre strafrechtliche Literatur, die sogenannten Rechtsspiegel, insbesondere die beiden wichtigsten, Ulrich Tenglers Layenspiegel von 1509 und den von Sebastian Brandt zwar nicht verfassten, aber seit 1516 herausgegebenen Klagspiegel. Während das erstere Werk, soviel ich sehe, die vorliegende Materie überhaupt nicht berührt[65]), behandelt der Klagspiegel[66]) in Teil 2, Tit. 24 (de custodia reorum) die Strafe des Gefangenwärters, der den Gefangenen hat entweichen lassen. Den „Hüter" soll die gleiche Strafe treffen, die der Entflohene verdiente, es sei denn, er könne den Exkulpationsbeweis führen und dartun, dass der Gefangene „ex casu fortuito" entkommen sei. Auch kehrt hier die Bestimmung des römischen Rechts wieder, wonach, falls einer von mehreren Wächtern mit dem Gefangenen zusammen flieht, der andere Wächter straflos ausgehen soll. War der Befreite wegen crimen laesae maiestatis gefangen, so stellt sich, wie speziell betont wird, die Befreiung gleichfalls als Majestätsverbrechen dar und wird mit dem Tode bestraft.

Von den Halsgerichtsordnungen (Reformationen, Landesordnungen etc.) jener Periode behandeln die früheren, vor der Bambergensis abgefassten die Materie überhaupt nicht[67]),

---

[65]) Hier benutzt die Ausgabe von Hans Knobloch dem Jungen, Strassburg 1532.

[66]) Druck von Johannes Albrecht, Strassburg 1533.

[67]) So: Würzburger Reformation von 1447, bei Schneidt Thesaurus iuris Franconici, zweiter Abschnitt, viertes Heft, p. 583 bis 589. Würzburg 1788. — Nürnberger Halsgerichtsordnung von 1481, bei Siebenkees: Materialien zur Nürnberger Geschichte II, p. 532—559. — Nürnberger Polizeigesetze aus dem 14. Jahrhundert,

und auch von den nach dem Jahre 1507 erschienenen erwähnen eine ganze Anzahl die Gefangenenbefreiung nicht [68]). Erst die Bamberger Halsgerichtsordnung von 1507 trifft im Art. 206 Bestimmungen darüber, wie der „hüter der peynlichen gefencknuss", der sich dieses Delikts schuldig macht, zu strafen sei. Sie unterscheidet, ob die Befreiung vorsätzlich erfolgte — „auss hilfft" — oder ob nur aus Fahrlässigkeit. Ersterenfalls tritt die Talion ein, der Hüter „sol dieselbigen peynlichen straff an stat des vbeltetters leyden", andernfalls dagegen nur arbiträre Strafe „nach gestalt der sach vnd rate vnser Rete." Neben diesem qualifizierten Fall werden die beiden anderen — Selbstbefreiung und Befreiung durch Dritte — überhaupt nicht erwähnt. Dass bei der nahen Verwandtschaft der CCBr. von 1517 und der CCC. von 1532 mit der CCB. die Behandlung des Vergehens hier wie dort die gleiche ist, kann nicht Wunder nehmen (cf. CCC 180).

Im Anschluss an Art. 180 CCC bedrohen dann auch eine Reihe von Territorialstrafgesetzen aus den nächsten

---

bei Siebenkees a. a. O. II, p. 676 ff. — Salzburgisches Landtäding aus dem 15. Jahrhundert, bei Walch: Beiträge II, p. 149—181. — Die Halsgerichtsordnung für Tirol von 1499, bei Weiske: Abhandlungen aus dem Gebiet des deutschen Rechts, 1830. p. 187—198. — Herzog Ludwigs von Landshut sog. Landesordnung oder eigentlich Rechts-, Gerichts- und Landespolizeiordnung von 1474, bei Krenner: Bayrische Landtagshandlungen in den Jahren 1429—1513, VII, p. 472 ff. — Herzog Georgs von Landshut sog. Landesordnung oder eigentlich Rechts-, Gerichts- und Landespolizeiordnung von 1501, bei Krenner XIII, p. 261 ff.

[68]) So: Newe Reformation des Landgerichts des Herzogthumbs zu Frinncken von 1512, bei Schneidt a. a. O., zweiter Abschnitt, fünftes Heft, p. 783 ff. — Reformierte Churgerichtsordnung von Aachen von 1577, bei Ludolf: Collectio statutorum, p. 522 ff. — Solmser Gerichtsordnung von 1571 (Frankfurter Druck von 1571). — Der Fürstl. Grafschaft Henneberg Landesordnung von 1539. Meininger Ausgabe 1720. — Reformation der bayrischen Landrecht von 1508. — Gerichtsordnung im Fürstenthumb Obern und Nidern Bayrn ao 1520 auffgericht, bei Krenner a. a. O. — Die hessische Reformation und Hofgerichtsordnung von 1524, bei Schmincke: Monimenta Hassiaca IV, p. 385 ff. und ebenda p. 415 ff.

zwei Jahrhunderten das Entweichenlassen von Strafgefangenen durch die Gefängniswärter mit derjenigen Strafe, die der Entkommene verwirkt hatte [69]). Der Fall, dass der Täter nicht der Gefängniswärter, sondern ein Dritter ist, findet sich in der Tiroler Landesordnung von 1573, Buch 8, Tit. 34 [70]). Es würde zu weit führen, die Bestimmungen der grossen Menge von territorialen Strafgesetzen jener Zeit im einzelnen zu verfolgen, zumal dieselben doch alle mehr oder weniger auf dem Grundgedanken der Talion beruhen. Nur die „Malefitz-Prozess-Ordnung der Fürstenthumben Obern und Niedern Bayrn, München 1616“ erscheint noch besonders erwähnenswert, wenn sie im Titel II, Art. 9: „Von denen / welche auss der Gefängnuss aussbrechen / oder sonsten darauss entfliehen“ eingehend den Fall der Selbstbefreiung behandelt und bestimmt: „Wiewol unter den Rechtsgelehrten / manicherley mainungen sein / wie diejenige / welche auss der Gefängnuss brechen / oder sonsten one aussbrechen aussreissen / sie fliehen gleich gar daruon / oder bleiben ausser der Gefängnuss ohne weitere flucht / da sie alsdann ergriffen und betretten werden / ze straffen / oder da sie nit zu betretten / was gegen jhnen fürzenemmen seye / vnd was solche flucht auff sich trage / so kan doch auff solche allweiln selten ihre verbrechen / vnd andere vmbständ gleich sein / kein gewisse straff gesetzt werden / sonder dieselb würdet dess Richters ermessigung haimmgestellt / der alle vmbständ wol in obacht nemmen / vnd nach beschaffenheit derselben /

---

[69]) cf. z. B. Hessische Halsgerichtsordnung von 1535, in der Sammlung hessischer Landesordnungen I, p. 68 ff. — Brandenburgische Halsgerichtsordnung von 1582, Art. 208 u. a.

[70]) New Reformirte Landesordnung der Fürstl. Graffschafft Tirol, Buch 8, Tit. 34: Straff deren / die den Gerichtsknechten ainen Gefangnen abdringen. Welcher der Oberkait Dienern vnd Gerichtsknechten / ainen Gefangnen abdrunge / Oder Sy daran verhinderte / so Sy ainen fahen wolten / oder die Gefangnen / auss der Fäncknuss / on wissen und willen der oberkait / entledigte / der soll in Burgerlichen Sachen / in der Straff steen / darinn der Gefangen gestanden ist. Aber in Malefitz Sachen / das Leben verwürckt haben.

solche Leut / wann sie gar sonsten der Vbelthat halben / darumben sie eingezogen worden / vnschuldig weren / der gebür nach straffen soll. Es würde auch solches aussbrechens oder flucht halber / darumben der angegebene Vbelthäter nit alssbalden für den gehalten / als hatte er die beschuldigte Missethat allberait bekennet. / Es were denn / dass er nit wider betretten / er auch als vngehorsam vnd contumax sich nit wider stellen / noch sich zu purgiern begern würde. / In welchem fall / er als abwesent mag in die straff der vbelthat / derenthalben er in verhafft kommen / verurthailt werden. Würdet aber einer / der also aussgebrochen oder aussgerissen / wider betretten / mag man jhn desto härter mit Peinlicher frag angreiffen.“

Hiernach soll also der Gefangene, der aus dem Gefängnis flieht, ohne Unterschied, ob es sich um einen Ausbruch oder um eine Flucht ohne Ausbruch handelt, „der gebür nach gestrafft“, d. h. mit arbiträrer Strafe belegt werden. Über Art und Mass der Strafe Bestimmungen zu geben, wird aber ausdrücklich abgelehnt, vielmehr diese Frage ganz dem Ermessen des Richters überlassen. Die Flucht gilt auch nicht etwa ohne weiteres als Geständnis der Schuld, sondern nur dann, wenn der Entflohene nicht wieder zur Haft gebracht werden kann. Immerhin aber wird sie als ein Indiz für die Täterschaft behandelt dergestalt, dass zur Erzwingung des Geständnisses die Tortur schärfer angewandt werden kann.

Bevor wir dazu übergehen, die Behandlung unserer Materie durch die Wissenschaft zu untersuchen, wäre noch kurz die Stellung, die die Stadtrechte jener Periode einnehmen, zu prüfen. Auch sie übergehen zum Teil die Lehre von der Gefangenenbefreiung ganz, so z. B. die Stadtrechte von Braunschweig [71]), Lüneburg [72]), Lauen-

[71]) cf. Braunschweiger Stadtrecht von 1532, bei Pufendorf: observationes iuris universi IV, app. 78 ff. — Urkundenbuch der Stadt Braunschweig I, 1873, enthaltend Statute und Rechtsbriefe aus den Jahren 1227—1671.

[72]) Niedergerichtsordnung von 1562—1577, bei Pufendorf III,

burg[73]) u. a., zum Teil halten sie noch ganz rein den alten Talionsgedanken fest, wie z. B. das alte lübische Recht in der Revision von 1586, lib. IV tit. 11[74]), und das Hamburger Stadtbuch von 1603, pars IV. Art. 37[75]), die überhaupt auch sonst an das ältere Recht anknüpfen. Daneben aber normiert wieder eine andere Gruppe ausserdem noch eine gewisse Strafe — meist Geldstrafe — die wegen Verletzung der städtischen Gerichtshoheit, wegen des „Friedbruchs" zu entrichten ist[76]) und bringt damit deutlich den Charakter des Delikts als eines gegen die Gerichtshoheit der Rechtsgemeinschaft gerichteten Vergehens zum Ausdruck.

Ein Überblick über die gesetzlichen Bestimmungen jener Periode bezüglich der Gefangenenbefreiung zeigt im allgemeinen das gleiche Bild wie früher: Nur vereinzelt haben sie die Gesetze überhaupt aufgenommen, und soweit sie es tun, wird die Lehre niemals systematisch und erschöpfend behandelt, sondern immer nur der eine oder andere Fall herausgegriffen und kurz besprochen. Hinsichtlich der Strafen stehen die meisten Gesetze noch auf dem Boden des Talionsgedankens[77]), doch macht sich gegen Ende der Periode schon das Bestreben bemerklich, einerseits die Lehre weiterzuentwickeln, und andererseits von der Anwendung der Talion zu einer selbständigen Be-

app. p. 346 ff. — Reformation von 1577—1583, bei Pufendorf IV, p. 624—847.

[73]) Statuta civitatis Lauenburgi von 1599, bei Pufendorf III, app. p. 284 ff.

[74]) cf. Bunge u. Madai: Quellen des Revaler Stadtrechts, Dorpat 1842. — Das lübische Recht für Reval l. IV, tit. 11: „Welcher einen Missthäter heimlich oder offenlich wegk hilffet, also, dass er zu peinlicher Straffe nicht gebracht werden kan, der sol dem Missthäter gleich geacht, und gestrafft, und da er flüchtig, vorfestet und friedeloss gelegt werden."

[75]) cf. Der Stadt Hamburg Gerichtsordnung und Statuta, herausgegeben auf Veranlassung des Vereins für Hamburgische Geschichte. Hamburg 1842.

[76]) So die Wormser Reformation von 1498, Buch VI, Teil 2, Tit. 18. — Das Freiburger Stadtrecht von 1520, Traktat V.

[77]) Näheres s. bei Günther II, p. 31 ff.

strafung des gegen die Staatsgewalt gerichteten Deliktes zu gelangen.

Wichtiger als diese gesetzgeberischen Versuche wird in der Folge die Behandlung des Rechts durch die unter dem Einfluss der Rezeption und der italienischen Juristen mächtig emporblühende deutsche Wissenschaft, die auch das Strafrecht in den Kreis ihrer Betrachtungen zieht. Gewährt diese strafrechtliche Wissenschaft auch zu Anfang noch ein recht trostloses Bild, so macht sich doch bald der Einfluss des rezipierten römischen Rechts mit seiner gründlichen kasuistischen Ausbildung fühlbar, und die am Studium dieses Rechts geschulten Juristen wenden auch dem Strafrecht ihre Aufmerksamkeit zu. In der ersten Hälfte des 16. Jahrhunderts aber ist, wie gesagt, das Bild, das die deutsche Strafrechtswissenschaft bietet, ein durchaus unerfreuliches, und Schriftsteller wie Andreas Perneder († um 1540) und Justinus Gobler († 1569) beherrschen vollkommen die Literatur. Dass dabei auch speziell für unsere Materie nichts Erspriessliches herauskommen konnte, liegt auf der Hand; meist wird sie überhaupt mit Stillschweigen übergangen [78]). Erwähnt wird nur hin und wieder die Befreiung, bezw. das Entweichenlassen von Gefangenen seitens der Gefängnisbeamten und die gewaltsame Selbstbefreiung der Gefangenen [79]). Die Strafe dieses letzteren Delikts schwankt zwischen arbiträrer Strafe „nach gelegenhait der sachen", Landesverweisung und Todesstrafe [80]). Hinsichtlich der Gefängniswärter wird unterschieden, ob ihnen „gefährlicher Unfleiss", grobe Fahrlässigkeit, zur Last fällt oder nicht. Ersterenfalls sollen sie die Strafe erleiden, die der Gefangene verwirkt hatte,

---

[78]) So in Perneders Institutiones und gerichtlichem Prozess; Goblers Rechtenspiegel.

[79]) S. Perneders Halsgerichtsordnung, Tit.: Von ausskommen der gefangen / vnnd straff der Hüter / etc. - Goblers gerichtl. Prozess ibid.

[80]) Perneder a. a. O. al. 2.

andernfalls nur arbiträre Strafe „nach Gelegenheit der Verhandlung" [81]).

Schon entschieden merklicher ist der Einfluss der aufblühenden Rechtswissenschaft im folgenden Jahrhundert bei Anton Matthaeus († 1654) [82]), der in seinem grossen Werk de criminibus (zuerst erschienen 1644) lib XLVII Dig. Tit. ult. wenigstens den Versuch einer eingehenden wissenschaftlichen Behandlung der Materie macht. In cap. IV l. c. de carceris effractione prüft er unter Zugrundelegung der römisch rechtlichen Bestimmungen zunächst die Frage, wie derjenige, der aus dem Gefängnis ausbricht, zu strafen sei. Nach einer längeren Untersuchung über die Bedeutung der poena capitis kommt er zu dem Schluss, dass darunter nach richtiger Ansicht die Todesstrafe zu verstehen sei, dass aber, „quippe crimen hoc extraordinarium", dem Richter das Recht zugestanden werden müsse, unter weitgehender Berücksichtigung des Einzelfalles diese Strafe zu mildern. Strafmildernd soll es insbesondere in Betracht kommen, falls die Flucht ohne Anwendung von Gewalt infolge Nachlässigkeit der Wächter erfolgte, oder falls der Gefangene in besonders schlauer Weise — commento aliquo novo — seine Hüter überlistete; straferhöhend wirkt andererseits Anwendung einer ganz besonderen Gewalt. Ausdrücklich wird auch hier die Ansicht abgelehnt, als komme es auf den Grund der Verhaftung irgendwie an. Die Selbstbefreiung ist ein selbständiges Delikt und ihre Strafbarkeit nicht abhängig davon, ob der Gefangene wegen des Delikts, wegen dessen er verhaftet ist, auch wirklich bestraft wird oder nicht. Ausser der Selbstbefreiung ist auch extra ordinem strafbar die Hilfeleistung dazu, mag sie nun von Gefängnisbeamten — commentarienses — oder von eigens bestellten

---

[81]) Perneder a. a. O. al. 1. — S. auch die gleichlautende Bestimmung bei Gobler a. a. O.

[82]) Mathaeus' Landsmann und spezieller Vorgänger, Jodocus Damhouder, steht wesentlich noch auf dem Boden der Italiener. s. a. Hofmann p. 20 ff.

Wächtern — custodes — ausgehen, und zwar wird sie in gewissen Fällen als Majestätsverbrechen nach der lex Julia Maiestatis bestraft. Strafmindernd wirken auch hier besondere Beziehungen zwischen Befreier und Befreitem, insbesondere nahe Verwandtschaft[83]).

Bedeutete auch die Tätigkeit des Matthaeus schon einen merklichen Fortschritt gegenüber Schriften, wie etwa die Perneders und Goblers waren, so verdankte doch, wie schon oben erwähnt, die Strafrechtswissenschaft ihre eigentliche Blüte erst den sächsischen Juristen des 17. Jahrhunderts, insbesondere den beiden bedeutendsten unter ihnen, Matthias Berlich († 1638) und Benedict Carpzov († 1666). Indem sie neben dem römisch-italienischen auch das deutsche, speziell das auf der CCC ruhende Strafrecht in den Kreis ihrer Betrachtungen zogen, bahnten sie eine Verschmelzung beider Rechte an, die nur segensreich wirken konnte, und gleichzeitig vertieften sie durch ihre wissenschaftliche Behandlung Sinn und Verständnis für die Rechtsentwicklung überhaupt. Zwar behandeln auch sie unsere Materie noch nicht ex professo, sondern zerstreut und unter verschiedenen Titeln[84]), aber aus der Zusammenfassung der verschiedenen Stellen lässt sich namentlich bei Carpzov doch ein deutliches Bild gewinnen. Da Carpzov Berlichs Ausführungen vollständig wiedergibt und auf ihnen weiterbaut, wird es genügen, wenn auch wir uns hier auf die Carpzov'sche Darstellung beschränken. Sein Verdienst besteht vor allem darin, dass er zuerst die drei Fälle der Gefangenenbefreiung scharf geschieden und gesondert behandelt hat, wobei er ja allerdings materiell vielfach auf den Schultern seiner Vorarbeiter steht.

---

[83]) Matthaeus a. a. O. § 5 i. f.

[84]) Berlich: Conclusiones practicabiles I concl. 36 nu. 57, concl. 73 nu. 55; II, concl. 28 nu. 66 ff.; IV concl. 4 nu. 80 ff., concl. 36 nu. 30 ff.; und besonders V, concl. 55 nu. 44 ff., concl. 66 nu. 37. — Carpzov: Practica nova imperialis saxonica rerum criminalium I, qu. 35 nu. 39 ff.; III, qu. 111 nu. 90 ff.

Die Selbstbefreiung ist behandelt in pars III qu. 111, nu. 90 ff.; die Befreiung durch den Gefangenwärter in pars III, qu. 111, nu. 99 ff.; die Befreiung durch dritte Personen in pars I, qu. 35, nu. 39 ff.

Bei Behandlung des Ausbrechens des Gefangenen aus dem Kerker führt Carpzov zunächst die Bestimmung des römischen Rechts an, wonach den Täter die „poena capitis" treffe. Bezüglich der Kontroverse, was hierunter zu verstehen sei, entscheidet er sich dafür, dass die Strafe des leiblichen Todes gemeint sei. Diese Strafe, meint er, sei auch jetzt noch anwendbar, wenigstens bei solchen Gefangenen, die wegen todeswürdiger Verbrechen verhaftet sind. Doch scheint ihm selbst diese Entscheidung bedenklich zu sein, denn er wünscht ausdrücklich, dass in diesem Falle vor der Verurteilung noch das — eventuell auf der Folter zu erzwingende — Geständnis des Angeschuldigten hinzukomme. Wenn jedoch der Gefangene sich keines todeswürdigen Verbrechens schuldig gemacht hat, so trifft ihn leichtere, arbiträre Strafe, und zwar nach richterlichem Ermessen je nach der Sachlage Verbannung, verschärfte Gefängnishaft oder auch nur Geldstrafe[85]).

Bei der Frage nach der Bestrafung des Gefängniswärters oder des Gefangenaufsehers — hier werden auch die Bestimmungen der CCC untersucht — sind nach Carpzov zwei Fälle zu unterscheiden:

1. Der Beamte hat dem Flüchtling durch die Tat Beistand geleistet, z. B. das Gefängnis geöffnet. In diesem Falle soll, wie auch CCC. Art. 180 Satz 1 bestimmt, der Beamte die Strafe des Entflohenen verbüssen, also die Talion in der reinsten Form zur Anwendung kommen.

2. Der Beamte hat nicht positiven Beistand geleistet zur Flucht, sondern nur dieselbe nicht verhindert, obgleich es in seiner Macht gestanden hätte. Diese Unterlassung kann nun wieder doloser Weise erfolgen, mit der bewussten

---

[85]) cf. die bei Carpzov III, qu. 111, nu. 97 u. 98 angeführten praktischen Fälle.

Absicht, dem Gefangenen dadurch die Flucht zu erleichtern, oder aber ohne diese ausdrückliche Absicht nur aus Fahrlässigkeit. Im ersteren Fall soll der Beschuldigte, vorausgesetzt, dass sein dolus erwiesen ist, mit körperlicher Züchtigung (fustigatio), im zweiten je nach Lage des Falles nach richterlichem Ermessen mit Gefängnis, Geldstrafe oder im schwersten Fall, bei lata oder latissima culpa, auch mit Verbannung bestraft werden.

Erfolgt endlich die Befreiung gewaltsam durch dritte Personen, „coactis et coadunatis hominibus, vi hostili et armata", so qualifiziert sich die Tat als crimen fractae pacis. Der Richter hat aber die Wahl, ob er die Strafe dieses Verbrechens — die Todesstrafe — verhängen will oder nach der Bestimmung des sächsischen Rechts[86]) diejenige Strafe, die der Befreite wegen der ihm zur Last gelegten Tat zu verbüssen gehabt hätte.

Carpzovs Hauptverdienst um die Förderung der vorliegenden Materie besteht, wie schon erwähnt, nicht sowohl in dem, was er materiell neues brachte, sondern vielmehr in der klaren Durchdringung des Stoffes und seiner systematischen Darstellung. Ein Jahrhundert lang beherrschte er die deutsche Strafrechtspflege vollkommen, bis es im 18. Jahrhundert J. S. F. Böhmer († 1772) gelang, sein Ansehen allmählich zu beseitigen. Böhmers Auftreten bedeutete einen erheblichen Schritt vorwärts in der Richtung auf die moderne Behandlung der Materie, insbesondere der Selbstbefreiung. Seine Schriften[87]) zeichnen sich aus durch eingehende kritische Untersuchung unter Heranziehung der römischen, wie der deutschen Quellen, sowie der Praxis, und durch klare systematische Darstellung der Ergebnisse. In seinem Lehrbuch sowohl, wie im Kommentar zur CCC behandelt er die Lehre im Zusammenhang,

---

[86]) S. oben p. 6.

[87]) cf. Elementa iurisprudentiae criminalis 1732, sectio II cap. 38 de effracto carcere; Observationes ad Carpzovii praxin 1759, obs. IV ad qu. 36, obs. X u. XI ad qu. 111; und namentlich Meditationes in CCC 180, 1770.

während er allerdings in den observationes ad Carpzovii praxin durch die Anlehnung an Carpzov auch seinerseits gezwungen ist, die drei Deliktsfälle auseinanderzureissen und getrennt zu behandeln.

Am wichtigsten für die Folgezeit ist, wie erwähnt, seine Behandlung der Selbstbefreiung [88]) geworden, indem er in Anlehnung an Kress [89]), der diesen Gedanken noch nicht so energisch durchführt, zuerst mit aller Entschiedenheit dafür eintritt, dieselbe straflos zu lassen. Bei Untersuchung der römischen Quellen kommt er zu dem Schluss, dass ihre Strafbestimmungen übermässig hart und deshalb zu verwerfen seien. Überhaupt ist bei diesem Delikt seiner Ansicht nach jede Kriminalstrafe unangebracht, einmal da die Doktrin in dieser Frage so unsicher und schwankend ist und sich mit so viel Einschränkungen verklausulieren muss, und dann, weil hier jede Strafe der gesunden Vernunft widerspricht. Dem Beschuldigten, der sich selbst befreit, fehlt jeder dolus malus, da er nur seinem natürlichen Instinkt und dem Trieb der Selbsterhaltung folgt. Niemand ist verpflichtet, sich für das öffentliche Wohl zu opfern, und wie ohne Zweifel jeder das Recht hat, sein Leben auf jede mögliche Weise zu verteidigen, so auch die Freiheit; da also jeder dolus fehlt, so kann der Flüchtige auch nicht unter dem Gesichtspunkt der laesa maiestas (Majestätsbeleidigung) zur Rechenschaft gezogen werden. Selbst gewaltsames Aufbrechen des Kerkers ist straflos, wenn es nötig ist, um die Flucht zu ermöglichen, denn „si finem pertingere licet, quis media necessaria impugnabit? [90])
Dass aber das Aufbrechen des Kerkers in diesem Falle nötig war, ergiebt sich für Böhmer einfach daraus, dass der Gefangene sich die Mühe nicht gemacht hätte, auszubrechen, wenn er anders hätte entfliehen können. Begeht allerdings der Flüchtige gelegentlich der Flucht ein neues selbständiges Verbrechen, so ist dieses selbstverständlich strafbar: „aliud

[88]) Observatio X ad qu. 111; meditationes l. c. § 5.
[89]) Kress: Commentatio succincta in CCC. 1721.
[90]) med. in CCC 180, § 5.

enim est, novo scelere se polluere, et aliud, nihil aliud agere, quam quod propriae saluti conforme est“ [91]). Die Straflosigkeit der Selbstbefreiung folgt auch daraus, dass die CCC über diesen Fall vollkommen schweigt.

Darüber, dass diese Lehre in direktem Widerspruch zu den bis dahin gültigen gesetzlichen Bestimmungen steht, kommt Böhmer in echt rationalistischer Weise hinweg. Das Gesetz widerspricht der gesunden Vernunft, der ratio, und kann daher nicht zwingen, die übermässig harte, vernunftwidrige, aus dem fremden Recht geschöpfte und gegen die Grundsätze des Naturrechts verstossende Bestimmung anzuerkennen, so argumentiert er.

Die Freilassung durch den Gefangenwärter [92]) kann entweder dolos oder kulpos geschehen. Der Dolus besteht in dem Vorsatz, den Gefangenen der öffentlichen Haft zu entziehen, Kollusion mit dem Gefangenen ist nicht erforderlich. Hinsichtlich der Bestrafung der dolosen Befreiung hält Böhmer, wie mir scheint, in den observationes noch an der Talion fest. Unter Bezugnahme auf CCC 180 wird zur Bestrafung das Zusammentreffen zweier Momente erfordert:

1. Nachweis des dolus auf Seiten des commentariensis. Dies wird aus dem Texte des Art. 180 selbst gefolgert. Indem nämlich in dem zweiten der dort erwähnten Fälle ausdrücklich der „Unfleiss“ des Hüters erwähnt wird, ergiebt sich von selbst, dass der erste, hierzu in Gegensatz gestellte Fall eine dolose Handlungsweise im Auge hat.

2. Liquidum aufugientis delictum. Dieses Erfordernis ergiebt sich aus dem Begriff der Talion. Denn solange noch nicht unumstösslich feststeht, welche Strafe der befreite Gefangene zu verbüssen gehabt hätte, kann von Verhängung dieser Strafe über den befreienden Gefängniswärter natürlich keine Rede sein. Auf welche Art der Wächter die Befreiung bewerkstelligte, ist einerlei, insbe-

---

[91]) med. l. c. i. f.

[92]) med. l. c. § 1, 2, 3. obs. XI, ad qu. 111.

sondere ist nicht erforderlich, dass von seiner Seite irgend welche Gewalt angewendet wurde.

Hat der Gefangenwärter nicht dolos gehandelt, so hat arbiträre Strafe je nach dem Masse seiner Fahrlässigkeit einzutreten; die Strafe ist natürlich geringer zu bemessen als bei Dolus, eventuell kann sogar vollkommene Straflosigkeit eintreten.

Während hier also für den Dolus die Talionsstrafe im Prinzip noch festgehalten ist, geht Böhmer in den Meditationen weiter. Da es, wie er hier ausführt, fast nie ganz feststeht, welche Strafe der Entflohene zu verbüssen hatte, kann auch von Talion keine Rede sein. Es hat vielmehr, falls der Dolus des Gefängniswärters festgestellt ist, eine nach den Umständen des Falles und unter Berücksichtigung der von dem Entflohenen wahrscheinlich verwirkten Strafe zu bemessende, arbiträre Strafe einzugreifen, die unter Umständen bis zur Todesstrafe gesteigert werden kann[93]). Arbiträre Strafe tritt auch ein, wenn der Dolus nicht erwiesen ist. Wenn hierbei als Massstab für die Bemessung der Strafe neben dem Grade der Verschuldung besonders auch das von dem freigelassenen Gefangenen begangene Delikt angeführt wird, so ist hierin ein Nachwirken des alten Talionsgedankens unverkennbar. Eigentümlich ist, dass nicht dem Wächter der Dolus bewiesen werden muss, sondern dass vielmehr er den Exkulpationsbeweis zu führen hat, bei dessen Misslingen zur vollständigen Feststellung der Schuld auch die Folter angewandt werden kann.

Milder als der eben erwähnte wird natürlich der Fall behandelt, dass nicht die Wärter, sondern dritte Personen — extranei — die Täter sind[94]). Die Talion wird in diesem Falle ausdrücklich abgelehnt, die reguläre Strafe ist Gefängnisstrafe. Straferhöhend wirkt es, wenn die Befreiung „modo periculoso" insbesondere „vi armata" und „coadunatis hominibus" erfolgte, und wenn Menschen dabei zu Schaden

---

[93]) med. a. a. O. § 1.

[94]) obs. 4 ad qu. 36. med. a. a. O. § 4.

gekommen sind. In diesem Falle kann die Tat als crimen fractae pacis behandelt und mit der Todesstrafe belegt werden Darauf, welches Vergehen der befreite Gefangene begangen hat, kommt nichts an, wohl aber auf die Beweggründe auf Seiten des Befreiers. Gewinnsucht oder die Absicht, die öffentliche Ordnung zu stören, wirken straferhöhend, strafmindernd dagegen besondere Beziehungen zwischen dem Befreier und Befreiten, wie Verwandtschaft oder nahe Freundschaft.

Unverkennbar ist in den Erörterungen Böhmers der Einfluss der naturrechtlichen Schule und der Aufklärung, besonders in der Art und Weise, wie er sich unter Berufung auf die menschliche Vernunft und die naturalis ratio über die Bestimmungen des positiven Rechtes hinwegsetzt. Um so erstaunlicher ist es, dass die eigentlichen Naturrechtler und Aufklärer unsere Materie fast vollständig mit Stillschweigen übergehen. Weder die Philosophen, noch die Juristen beschäftigen sich, soweit ich sehe, irgendwie eingehend damit, vielmehr beschränken sie sich auf sporadische Bemerkungen allgemeiner Natur[95]), die jedoch keineswegs übereinstimmen und miteinander harmonieren. Obgleich die Philosophen erklären, Jedermann habe ein Recht darauf, sich mit allen Mitteln selbst zu erhalten[96]), wird andererseits die Freilassung eines Missetäters und

---

[95]) Untersucht wurden hier: Spinoza: Tractatus theologo-politicus, spez. cap. XVI; Ethica spez. p. IV; Tractatus politicus. — Hobbes: Leviathan und De cive. — Beccaria: Über Verbrechen und Strafen, mit einem Kommentar von Voltaire, Breslau 1788. Weiter eine Übersetzung von Waldeck (Berlin 1870) und diejenige von Glaser (zweite Auflage, Wien 1876). — Frank: Die Wolff'sche Strafrechtsphilosophie. — Hertz: Voltaire und die französische Strafrechtspflege im 18. Jahrhundert. 1887. — Grotius: De iure belli ac pacis. Amsterdam 1625. — S. Pufendorf: De iure naturae et gentium, Frankfurt a. M. 1706. — Thomasius: Fundamenta iuris naturae et gentium; Dissertationes; Vernünftige und christl. aber nicht scheinheilige Thomasische Gedanken etc. — Cocceji: Grotius illustratus. 1747.

[96]) Hobbes: De cive, cap. 1. VIII.

die gewaltsame Erbrechung von Gefängnissen als Majestätsverbrechen geahndet [97]). Immerhin aber wird die Talion als unsachgemäss erkannt und deshalb verworfen [98]).

Die von Böhmer verfochtenen Gedanken drangen allmählich, wenn auch langsam, auch in die Kriminalgesetze des 18. Jahrhunderts ein. Dies im einzelnen darzulegen, kann hier nicht die Absicht sein, nur soviel sei bemerkt, dass die Strafe der einfachen Selbstbefreiung allmählich aus den Gesetzen verschwindet, und ebenso die Anwendung der Talion mehr und mehr arbiträrer Strafe Platz macht. Entsprechend dem Charakter des Polizeistaates regeln diese Gesetze vielfach mit ermüdender Kasuistik alle Einzelheiten des Tatbestands, zählen alle erschwerenden und mildernden Umstände auf, ohne jedoch bezüglich der Strafen zu irgendwelcher Übereinstimmung zu gelangen [99]). Während der codex Bavaricus in der Bestrafung des vorsätzlichen Entweichenlassens Gefangener im wesentlichen noch mit den Vorschriften der CCC übereinstimmt, derart, dass die Talion eintreten soll, falls der Täter ein Beamter ist, geht doch schon die Theresiana über diesen Standpunkt hinaus und schreibt im allgemeinen arbiträre Strafe vor, wobei sie allerdings auch noch die Art und Schwere der von dem Befreiten zu verbüssenden Strafe zum Massstab bei der Urteilsfällung macht. Ebenso ist auch im preussischen Landrecht zwar prinzipiell die Talion beseitigt, doch findet sich immer noch ein gewisser Anklang daran in den Vorschriften, dass bei gewaltsamer Ausführung des Delikts u. a. auch die Schwere des von dem Befreiten begangenen Verbrechens bei der Strafzumessung berücksichtigt werden soll.

---

97) Frank a. a. O. p. 51.

98) Pufendorf: Lib. VIII, cap. III.

99) cf. Codex iuris Bavarici crim. von 1751, II, cap. IV. — Theresiana von 1769, Art. 71. — Josephs II. allgemeines Gesetz über Verbrechen und deren Bestrafung von 1787, cap. 3, § 76 ff. — Preussisches Landrecht von 1794, Teil II, Tit. 20, bes. Abschnitt 4. — Franz II. Gesetzbuch über Verbrechen und schwere Polizeiübertretungen von 1804, Teil I, Abschn. 1, § 196 ff.

4. Das 19. Jahrhundert bis zum Erlass des preussischen Strafgesetzbuchs.

„Nachdem die Sturm- und Drangperiode der Aufklärung vorübergerauscht war, brach für die Strafgesetzgebung, wie für die Wissenschaft des Strafrechts eine neue Zeit ruhiger und fruchtbringender Arbeit an“ (Liszt, Lehrbuch 12. u. 13. Aufl. p. 38). In rascher Aufeinanderfolge wurden in den Staaten des deutschen Bundes neue Strafgesetzbücher eingeführt;[100]) das bedeutendste und wichtigste unter ihnen war ohne Zweifel dasjenige für das Königreich Bayern, dessen Schöpfer Anselm Feuerbach (1775—1833) damit der deutschen Gesetzgebung und Wissenschaft für ein halbes Jahrhundert die Wege wies. Nachdem er durch seine „Revision der Grundsätze und Grundbegriffe des positiven peinlichen Rechts“ (1799/1800) den festen Grund für Wissenschaft und Gesetzgebung gelegt und in seinem „Lehrbuch des gemeinen in Deutschland gültigen peinlichen Rechts“ (1801 und später) das geltende Recht klar und scharf dargestellt hatte, wurde er infolge seiner ausgezeichneten Kritik über den Kleinschrod'schen Entwurf eines bayerischen Strafgesetzbuchs selbst mit Abfassung eines solchen betraut. Feuerbachs Entwurf wurde 1807 vollendet, nach Durchberatung in der Gesetzgebungskommission 1810 veröffentlicht und nach einer nochmaligen Revision am 16. Mai 1813 als „Allgemeines Strafgesetzbuch für das Königreich Bayern“ publiziert. Bei dem Einfluss, den dieses Werk für die Folgezeit gewann, erscheint es angebracht, die Anschauungen seines Schöpfers Feuerbach über unsere Materie und deren Niederschlag im Gesetz genauer kennen zu lernen.

In seinem Lehrbuch[101]) behandelt Feuerbach unter Zugrundelegung der römischen und deutschen Quellen sowie der Wissenschaft die „Befreyung eines Gefangenen“ in Buch II, Tit. I, zweiter Abschnitt, dritte Abteilung, zweite Unterabteilung unter den Verbrechen gegen die

---

[100]) Stenglein: Sammlung der deutschen St.G.B., München 1858.

[101]) Um die ursprünglichen Ansichten Feuerbachs darzustellen, wurde hier eine ältere Ausgabe (von 1812) benutzt.

richterliche Gewalt, § 194 ff. Das Verbrechen der Gefangenenbefreiung liegt seiner Ansicht nach nur dann vor, wenn der Befreite wegen eines Verbrechens entweder zur Strafe oder zur Sicherung gegen die Gefahr der Flucht während des Prozesses gefangen war. Wenn dagegen ein Schuldgefangener befreit wird, so soll eine strafbare Handlung hierin nicht liegen, vielmehr der Täter nur privatrechtlich verantwortlich sein, vorausgesetzt, dass nicht andere Verbrechen konkurrieren.[102]) Bei der strafbaren Gefangenenbefreiung unterscheidet er je nach der Person des Täters die Selbstbefreiung, die Befreiung durch den Gefangenaufseher oder Wärter und die Befreiung durch Dritte [103]). Die Flucht eines Gefangenen aus dem Sicherungsgefängnis, d. h. also eines Untersuchungsgefangenen, zieht Todesstrafe oder auch nur willkürliche Strafe nach sich, je nachdem sie erfolgte mittels Anwendung von Gewalt oder infolge einer Verschwörung der Mitgefangenen, oder aber ohne diese erschwerenden Umstände. Die Flucht aus dem Strafgefängnis dagegen zieht entweder Schärfung derselben Strafe oder Verwandlung derselben in eine härtere Strafart nach sich.[104]) Die Behauptung Böhmers u. a., die Selbstbefreiung sei gar kein Verbrechen, hält Feuerbach de lege lata für unrichtig und „gegen die klärsten Gesetze" verstossend, doch erkennt er sie als ein berechtigtes Prinzip für eine künftige Gesetzgebung wohl an, vorausgesetzt natürlich, dass die Selbstbefreiung „nicht mittelst anderer Verbrechen, z. B. Tötung oder Verwundung der Wächter, Brandstiftung und dergl. geschieht."

Ist die Befreiung durch den Gefangenaufseher oder Wächter begangen, so unterscheidet Feuerbach, ob sie vorsätzlich oder nur fahrlässig erfolgte. Im ersteren Falle soll nach l. 4 C. de custodia reor., CCC 180 gegen den Täter die Talion zur Anwendung kommen, die Bestrebungen der Praxis, diese Strafe hinwegzuinterpretieren, werden

[102]) Feuerbach a. a. O. § 194.
[103]) l. c. § 195.
[104]) l. c. § 197.

ausdrücklich verworfen.[105]) Fällt aber dem Beamten nur Fahrlässigkeit zur Last, so erachtet Feuerbach willkürliche Strafe, am zweckmässigsten Dienstentsetzung oder Gefängnis auf einige Wochen oder Monate, für angebracht.

Die Befreiung des Gefangenen durch einen Dritten soll, falls sie nicht infolge der begleitenden Umstände sich als ein schwereres Delikt darstellt, nach l. 2 D. de effractoribus mit körperlicher Züchtigung und Bergwerksarbeit, an deren Stelle Zuchthaus- oder Gefängnisstrafe zu treten hätte, belegt werden; Begehung bei Nacht wirkt straferschwerend [106]).

Feuerbachs Verdienst lag vor allem darin, dass er gegenüber der in der Praxis eingerissenen Willkür und Zuchtlosigkeit sich in seinen wissenschaftlichen Erörterungen wieder fest auf den Boden der positiven Gesetzgebung stellte, deren Prinzipien er zur Durchführung zu bringen suchte. Dass er hierbei zu so unbefriedigenden Resultaten gelangte, war nicht seine Schuld, sondern lag an dem traurigen Zustand der Gesetzgebung, deren Reformbedürftigkeit gerade auch hierdurch in ein helles Licht gerückt wurde. Diesem unbefriedigenden Zustand sollte sein Strafgesetzbuch für das Königreich Bayern abhelfen, indem durch Anpassung an die modernen Verhältnisse ein fester Grund geschaffen wurde, auf dem die Praxis weiterarbeiten konnte. Die vorliegende Materie wird speziell behandelt in Art. 328—330 und in Art. 418, 419.

Auch das bayrische Gesetzbuch behält die Dreiteilung des Delikts je nach der Person des Täters bei, teilt jedoch unter dem Einfluss des französischen Rechts die Befreiung durch den Gefangenwärter und die durch Dritte je nach der Strafe des Befreiten nochmals ein in ein Verbrechen der Gefangenenbefreiung und ein Vergehen der Gefangenenbefreiung, woraus dann die Behandlung desselben Delikts an zwei verschiedenen Stellen des Gesetzbuchs sich ergiebt.

---

[105]) l. c. § 196 Anm. a.

[106]) l. c. § 198.

Die Selbstbefreiung des Gefangenen [107]) — als solcher gilt der Sicherungs-, wie der Strafgefangene — und der Versuch dazu sind an sich nicht strafbar, und nur, wenn dieselben durch Verübung anderer Verbrechen bewirkt werden, tritt natürlich die Strafe dieser Verbrechen ein. Doch bleibt auch hier die Selbstbefreiung als solche straflos, d. h. sie wirkt auch nicht etwa als Straferhöhungsgrund. Da die Strafe der Beihülfe sich nach der der Haupttat richtet, so ist bei dem Mangel einer ausdrücklichen Vorschrift über die Strafbarkeit der Beihülfe zur einfachen Selbstbefreiung auch diese als straflos zu erachten.

Die vorsätzliche Befreiung eines Gefangenen aus dem Gefängnis, Strafort oder sonst aus der Gewalt der Obrigkeit durch andere Personen als den Gefangenen selbst oder den Aufseher wird je nach der Schwere der von dem Befreiten verwirkten Strafe arbiträr bestraft. War der Befreite wegen eines Kapitalverbrechens gefangen, so trifft den Täter vier- bis sechsjähriges Arbeitshaus; wird dagegen ein Sträfling aus dem Zuchthause oder ein wegen eines mit Zuchthaus bedrohten Verbrechens Angeschuldigter aus dem Gefängnis befreit, so tritt ein- bis vierjähriges Arbeitshaus ein (Art. 328). War der Befreite nur zu Arbeitshaus (Art. 15) verurteilt oder eines mit Arbeitshaus bedrohten Verbrechens verdächtig, so tritt die Handlung des Befreienden aus dem Rahmen des Verbrechens in den des Vergehens über und wird mit ein- bis sechsmonatigem Gefängnis bestraft; war endlich der Befreite wegen eines Vergehens gefangen, so ist die Strafe des Befreiers Gefängnis von vier Tagen bis zu einem Monat oder nach Umständen körperliche Züchtigung [108]). Versuch und Beihülfe werden nach den allgemeinen Bestimmungen bestraft, fahrlässige Befreiung ist straflos.

---

[107]) G.-B. Art. 330.

[108]) Diese Strafe ist durch Gesetz vom 12. Mai 1848 beseitigt und wird durch verhältnismässiges Gefängnis oder eine andere Schärfungsart ersetzt (Art. 6).

Bewirken Gefangenwärter, Aufseher, Gerichts- und andere öffentliche Diener ihrer Amtspflicht zuwider vorsätzlich die Entweichung eines Gefangenen, so tritt zu den in Art. 328 und 418 verordneten Strafen noch die Dienstentlassung hinzu (Art. 329 und 419, Abs. 1). Fahrlässige Befreiung durch den Gefangenwärter wird im Falle des Art. 329 mit ein- bis sechsmonatigem Gefängnis gestraft, im Falle des Art. 419 mit Gefängnisstrafe von zwei bis acht Tagen, die im Wiederholungsfalle verdoppelt und durch Dienstentlassung verschärft wird (G. B. Art. 69, 419 Abs. 2). Die Strafbarkeit der Beihilfe und des Versuchs bestimmt sich nach den allgemeinen Vorschriften

Wie ein Überblick über die Bestimmungen des bayrischen Gesetzbuchs lehrt, hat Feuerbach zwar formell das Prinzip der Talion nicht mehr beibehalten, materiell aber finden sich noch starke Anklänge daran in der Art und Weise, wie die Strafe des Befreiten nicht etwa nur als Massstab für die richterliche Ausmessung der Strafe des Befreiers verwendet wird, sondern in dem Gesetz selbst verschiedene Strafrahmen festgesetzt werden je nach der Strafe, die der Befreite verwirkt hatte.

Das bayrische Gesetzbuch, das im Jahre 1814 unverändert in Oldenburg zur Einführung gelangte, wurde auch die Grundlage für eine Reihe in den nächsten Jahren neu entstehender Partikularstrafgesetzbücher [109]). Alle diese Strafgesetzbücher halten, bei mancherlei Verschiedenheiten

---

[109]) Es sind dies in der Hauptsache die folgenden; Criminal-Gesetzbuch für das Herzogtum Sachsen-Altenburg vom 3. Mai 1841 (Art. 109). — Strafgesetzbuch für das Königreich Württemberg vom 1. März 1839 (Art. 180 ff., 436). — Criminalgesetzbuch für das Königreich Hannover vom 8. August 1840 (Art. 170 ff.). — Strafgesetzbuch für das Grossherzogtum Hessen vom 17. September 1841 (Art. 197 ff.). — Strafgesetzbuch für das Grossherzogtum Baden vom 6. März 1845 (§§ 632 ff., 685). — Strafgesetzbuch für das Herzogtum Nassau vom 14. April 1849 (Art. 193 ff.). — Sog. Thüringisches Strafgesetzbuch (Art. 106, 107). — Strafgesetzbuch für die preussischen Staaten vom 14. April 1851 (§§ 94 ff., 322). — Strafgesetzbuch für das Königreich Sachsen vom 13. August 1855 (Art. 152 ff.).

im einzelnen, — namentlich bezüglich der Strafrahmen[110]) —, die Grundgedanken des bayrischen Gesetzbuchs fest und suchen sie weiter auszubilden. Die gemeinsamen Grundzüge sind etwa folgende: Die Selbstbefreiung ist straflos, sofern sie nicht in der Form der Meuterei oder mittels Gewaltanwendung gegen Personen oder Sachen begangen wird. Hierbei wird mitunter auch das Komplott als solches gestraft. Die Befreiung durch Nichtbeamte („Dritte") ist nur bei vorsätzlichem Handeln strafbar. Die Strafe ist Freiheitsstrafe verschiedener Art, die unter Berücksichtigung des von dem Befreiten begangenen Delikts, unter Umständen auch der Zahl der Befreiten auszumessen ist. Straferhöhend kommt in Betracht Gewaltanwendung gegen Personen oder Sachen, strafmindernd vielfach nahe Verwandtschaft zwischen Befreier und Befreitem. Bei Befreiung durch Beamte kommen in der Regel die gleichen Strafarten wie bei Nichtbeamten zur Anwendung. Doch ist das Strafmass höher, es ist nicht nur Vorsatz, sondern auch Fahrlässigkeit strafbar, und als Nebenstrafe tritt häufig noch Dienstentsetzung hinzu.

Am wichtigsten von den genannten Gesetzbüchern wurde für die Folgezeit das preussische Strafgesetzbuch, welches die Grundlage für das heute geltende Recht bildet. Da seine Vorschriften im wesentlichen unverändert in das Strafgesetzbuch für den norddeutschen Bund und von da in das R.-St.-G.-B. übergegangen sind[111]), so erscheint deren selbständige Behandlung hier überflüssig, es wird vielmehr genügen, etwaige bedeutendere Abweichungen von dem geltenden Recht im dogmatischen Teil hervorzuheben.

---

[110]) S. hierüber auch Hofmann p. 32 ff., 40 ff.

[111]) cf. Motive zum Entwurf eines St.G.B. für den norddeutschen Bund, p. 126. Auch in den Reichstagsverhandlungen wurde nichts anderes beschlossen.

III.

Dogmatischer Teil[1]).

Das R.-St.-G.-B. behandelt die Gefangenenbefreiung im 6. Abschnitt des zweiten Teiles (Widerstand gegen die Staatsgewalt) §§ 120—122, und im 28. Abschnitt desselben Teils (Verbrechen und Vergehen im Amte) § 347. Der Entwurf des St.-G.-B. für den norddeutschen Bund schloss sich in dieser Materie aufs engste an die Bestimmungen des preussischen St.-G.-B. an, da, wie die Motive[2]) erklären, „die politische Gestaltung des Bundes für die hier bedrohten strafbaren Handlungen eine Abweichung in den Strafvorschriften nicht bedingt." Auch bei der späteren parlamentarischen Behandlung wurden tiefergreifende Änderungen nicht mehr vorgenommen, sodass — von kleinen redaktionellen Verbesserungen abgesehen — das heutige Strafrecht hier vollkommen auf dem preussischen ruht.

Um nun im folgenden zu sicheren Resultaten zu gelangen, erscheint es erforderlich, zunächst einige allgemeine Begriffe zu bestimmen und insbesondere zu untersuchen, was das Gesetz unter dem Begriff „Gefangener" versteht[3]).

---

[1]) Die folgenden Ausführungen wollen keine eingehende Untersuchung der einschlägigen Fragen, sondern nur eine kurze Übersicht über den Stand der Meinungen und insbesondere über die reichsgerichtliche Rechtsprechung geben.

[2]) cf. Motive zu dem Entwurf eines St.-G.-B. für den norddeutschen Bund, Band I, S. 126.

[3]) cf. ausser der noch speziell angeführten Literatur für das Folgende besonders: Olshausen: Kommentar zum St.-G.B. mit reichen Literatur- und Judikaturnachweisen. — John in Holtzendorffs Handbuch des Strafrechts III, S. 142 ff. — Hugo Meyer: Lehrbuch

Der Wortsinn ergiebt schon, dass darunter im allgemeinen derjenige zu verstehen ist, dem der Gebrauch der Freiheit, die Möglichkeit der freien Bewegung nach seinem Belieben, genommen ist. Aus der systematischen Stellung der Strafbestimmungen unter den gegen die Staatsgewalt gerichteten Delikten ergiebt sich weiter, dass die Befreiung eines Gefangenen sich darstellt als ein gegen die staatliche Autorität gerichtetes Delikt, dass also die Entziehung oder Beschränkung der Freiheit ausgehen muss von einem staatlichen Organ im öffentlichen Interesse und in gesetzlich gebilligter Weise [4]. Doch kann von einer Gefangenschaft nur insoweit und insolange die Rede sein, als sich die betreffenden Personen in der unmittelbaren oder mittelbaren Gewalt desjenigen, von dem die Freiheitsbeschränkung ausging, oder einer an seine Stelle getretenen Person befinden [5]. Hört diese Gewalt auch nur für kurze Zeit faktisch auf, so nimmt die Gefangenschaft mit dem Augenblick ein Ende, wo die Möglichkeit einer Einwirkung, die tatsächliche Gewalt über den Gefangenen ihr Ende erreicht. Ob der Gefangene hiervon weiss oder nicht, muss für gleichgültig erachtet werden, wofern nur das Aufhören der Gewalt ein tatsächliches ist, — was allerdings bei ganz kurzen Unterbrechungen der Bewachung mitunter zweifelhaft sein kann. — Denn nicht auf die Meinung des Gefangenen über seine Lage kommt es an, sondern auf den faktischen Zustand. Deshalb kann man auch insoweit R.-G.

---

des deutschen Strafrechts, Fünfte Auflage 1895. — Hälschner: Das gemeine deutsche Strafrecht 1887. — v. Liszt: Lehrbuch des deutschen Strafrechts. Zwölfte und dreizehnte Auflage, Berlin 1903. — Frank: Kommentar zum St.-G.-B. Zweite Auflage, 1901. — Dritte und vierte Auflage 1903. — Auch Freudenthal: Die notwendige Teilnahme am Verbrechen, Breslau 1901, bringt für Einzelfragen sehr wertvolle Beiträge Da letztere Schrift mir jedoch erst bekannt wurde, nachdem die vorliegende Arbeit im wesentlichen beendet war, konnte sie nicht mehr in weiterem Umfange herangezogen werden.

[4]) Ähnlich die meisten.

[5]) Ähnlich Frank a. a. O. „sich in der Gewalt der zuständigen Behörde befinden."

26, 334 nicht zustimmen, wenn diese Entscheidung annimmt, dass durch unterlassene Bewachung eine Befreiung noch nicht bewirkt sei, solange der Gefangene von der ihm gebotenen Möglichkeit einer Flucht keinen Gebrauch macht, da alsdann in dem Zustand der Gefangenschaft eine Änderung noch nicht eingetreten sei. Eine solche Änderung ist in Wirklichkeit doch eingetreten insofern, als die Möglichkeit einer jederzeitigen Einwirkung auf den Gefangenen ausgeschlossen ist. Setzt man andererseits den Fall, der Aufseher oder Gefangenenwärter gäbe mit dem Vorsatz, den Gefangenen hierdurch zu befreien, die Aufsicht über denselben derart auf, dass tatsächlich eine Einwirkung nicht mehr möglich ist, so wird der „Gefangene", auch wenn er von dem Wegfall der Bewachung gar keine Kenntnis erlangt, doch nicht mehr als Gefangener angesehen werden können. Das Wegführen eines solchen Menschen durch einen Dritten würde daher auch nicht den Tatbestand des § 120 St.-G.-B. erfüllen können, besonders wenn etwa dem Dritten der wahre Sachverhalt bekannt ist, da alsdann jeder Dolus auf seiten des Täters fehlen würde.

Wenn von manchen der Definition des Gefangenen eine positive Bestimmung des Zweckes der Freiheitsentziehung zugefügt wird („zur Strafe" oder „zur Sicherung"), so erscheint dies nicht nur überflüssig, sondern auch nicht unbedenklich, da hieraus im konkreten Fall unter Umständen eine unbeabsichtigte und unerwünschte Beschränkung des Begriffes resultieren kann. Nur negativ scheint eine Einschränkung geboten. Von einer Gefangenschaft im technischen Sinn kann nämlich dann sicher keine Rede sein, wenn die Freiheitsentziehung nur ein Ausfluss der elterlichen oder der statt ihrer eintretenden Erziehungsgewalt der Schule ist.

Das Reichsgericht definiert, leider ohne die eben erwähnte Einschränkung zu billigen, in einem Urteil vom 1. Mai 1885 den Begriff des Gefangenen dahin, dass darunter alle diejenigen Personen zu verstehen sind, „welchen in gesetzlich gebilligter Form aus Gründen des öffentlichen Interesses die persönliche Freiheit entzogen ist, und die sich infolge dieser Freiheitsentziehung in der Gewalt der zuständigen Behörde befinden"[6]).

Es gehören sonach dahin zweifellos

1. Strafgefangene im weitesten Sinne des Wortes, und zwar ohne Unterschied, ob sie in der Strafanstalt interniert oder im Freien beschäftigt werden. Ob hierher auch Schüler im Arrest und Studenten im Karzer zu rechnen sind, dürfte nach dem oben Ausgeführten mit Recht in Frage zu ziehen sein. Wie Olshausen[7]) wohl mit Recht ausführt, handelt es sich bei Internierung der Schüler im Arrest um einen Akt der Schuldisziplin, die mit der Hausdisziplin auf einer Stufe steht. Auch mangelt dem Schularrest jegliche direkte Bedeutung für die Öffentlichkeit[8]).

Zweifelhafter ist die Frage schon in dem Falle, dass es sich nicht um Schüler, sondern um Studenten handelt, die eine Karzerstrafe verbüssen. Die herrschende Ansicht rechnet auch sie zu den Gefangenen im Sinne des Gesetzes, und es ist ohne weiteres zuzugeben, dass hier die Sachlage einigermassen anders ist, als bei dem Schüler im Schularrest. Zwar handelt es sich, wie beim Schularrest um eine im Interesse der Schuldisziplin, so auch hier um eine im Interesse der akademischen Disziplin verhängte Freiheitsstrafe, aber man kann wohl kaum sagen, dass die akademische Disziplin mit der Hausdisziplin noch auf derselben Stufe steht. Trotzdem erscheint es mir bedenklich, die Studenten als Gefangene zu bezeichnen, da hierin meiner Ansicht nach eine unzulässige Ausdehnung dieses Begriffes liegen würde[9]).

---

[6]) cf. R.-G. 12, p. 162.

[7]) Zu § 120, 2 a.

[8]) A. A. Frank zu § 120, II, 3. Rüdorff-Stenglein, Anm. 1 zu § 120. Urt. des bayer. oberst. Landesgerichts in Strafs. Bd. 2 p. 98.

[9]) Besteht dieses Bedenken auch, wenn in Preussen eine gerichtliche Freiheitsstrafe im Karzer verbüsst wird? Offenbar verliert in diesem Falle die Karzerstrafe den eigentümlichen Charakter einer von den akademischen Behörden verhängten und vollstreckten Disziplinarstrafe und ist in Wirklichkeit nichts anderes als eine gewöhnliche

Ohne Zweifel aber sind zu den Gefangenen zu rechnen die auf Grund eines Haftbefehls oder Steckbriefs festgenommenen Personen [10]).

2. Untersuchungsgefangene [11]) im Sinne der § 112 ff. St.-P.-O. und der Militärstrafgerichtsordnung § 175 ff., desgleichen die von der Staatsanwaltschaft oder von Polizei- oder Sicherheitsbeamten gemäss § 127, al. 2 St.-P.-O. vorläufig festgenommenen Personen. Dagegen wird ein gemäss § 127, al. 1 St.-P.-O. von einer Privatperson vorläufig Festgenommener durch die Festnahme allein noch nicht zum Gefangenen im technischen Sinn, sondern erst dann, wenn er an ein Organ der Staatsgewalt abgeliefert wurde. Denn die Befreiung eines Gefangenen ist ein Angriff auf die staatliche Autorität, ein solcher kann aber nur dann als vorliegend erachtet werden, wenn die staatlichen Organe irgendwie in Tätigkeit getreten sind, wenn also die Festnahme entweder von vornherein durch einen Beamten erfolgte, oder im Falle der Festnahme durch eine Privatperson der Festgenommene an einen Beamten abgeliefert und von diesem übernommen wurde [12]). Aus welchem Grunde die Festnahme erfolgte, ist einerlei, insbesondere genügt es, dass dies nur zur näheren Feststellung der Personalien des Festgenommenen geschah [13]).

3. Nicht minder sind als Gefangene zu betrachten Personen, gegen die ein Vorführungsbefehl gemäss St.-P.-O. §§ 50, 133, 134, 215, 229, 235, 370, 427, 489 erlassen ist,

---

Freiheitsstrafe. Auf den Ort, wo diese verbüsst wird, kann es nicht ankommen; die Tatsache, dass dies zufällig der Karzer ist, kann den Charakter der Strafe nicht ändern. Und so werden wohl in diesem Falle die im Karzer Inhaftierten allerdings als „Gefangene" zu bezeichnen sein. Doch ist zuzugeben, dass die ganze Frage sehr zweifelhaft ist.

[10]) cf. R.-G. vom 17. XII. 1889 bei Goltdammer, Archiv für Strafrecht 37, p. 433.

[11]) cf. Olshausen a. a. O., Note 2 c zu § 120 und die dort Angeführten.

[12]) So R.-G. 13, p. 254. cf. Olshausen a. a. O.

[13]) R.-G. 12, p. 426.

und die daraufhin festgenommen sind [14]). Die gegenteilige Ansicht, dass der Vorzuführende durch den Erlass des Vorführungsbefehls in seiner persönlichen Freiheit nicht beschränkt werde und daher nicht „Gefangener“ sei, ist vom Reichsgericht ausdrücklich als unhaltbar reprobiert worden, da der Vorführende durch den Vorführungsbefehl ermächtigt erscheine, „eventuell die nötigen Zwangsmittel zur Anwendung zu bringen, um die Stellung zu ermöglichen.“

4. Auch die gemäss § 362 St.-G.-B. im Arbeitshaus untergebrachten Personen sind ohne Zweifel als Gefangene anzusehen [15]). Desgleichen

5. Die auf Grund der C.-P.-O. §§ 888, 889, 901, 918, sowie des § 178 G.-V.-G. inhaftierten Personen [16]). Ebenso

6. Personen, welche in polizeilichen Gewahrsam genommen sind, selbst wenn die Verhaftung zu ihrem eigenen Schutze erfolgt ist.

7. Zweifelhaft ist es, ob zu den Gefangenen zu rechnen sind die gemäss §§ 55, 56 St.-G.-B. in einer Erziehungs- oder Besserungsanstalt untergebrachten Jugendlichen [17]) und die auf Grund landesgesetzlicher Bestimmungen [18]) ausserdem der Zwangserziehung überwiesenen Minderjährigen. Im allgemeinen wird hier der oben unter 1. angeführte Gesichtspunkt massgebend sein, dass es sich bei derartigen Massregeln nur um einen Ersatz der mangelnden häuslichen oder Schulzucht handelt und daher von einer „Gefangenschaft“ nicht gesprochen werden kann, umsomehr als häufig in denselben Anstalten neben den zwangsweise untergebrachten Kindern auch freiwillig überwiesene Zöglinge sich befinden, die zweifellos nicht als Gefangene an-

---

[14]) R.-G. 12, p. 162.

[15]) cf. Olshausen Note 2c und die dort Angeführten. R.-G. 15, p. 217.

[16]) Olshausen Note 2d und die dort Angeführten.

[17]) cf. Olshausen, Note 2f.

[18]) cf. z. B. Gr. Hess. Gesetz betr. die Zwangserziehung Minderjähriger vom 11. Juni 1887 in der Fassung des Art. 284 des A. G. z. B. G. B.

gesehen werden können [19]. Nur dann wird eine Ausnahme zu machen sein, wenn die betreffenden Personen (Jugendliche, die eine strafbare Handlung begangen haben, oder Minderjährige, die sonst in Zwangserziehung gegeben worden sind) in einer Anstalt untergebracht sind, und die Anstalt verpflichtet ist, die Bewegungsfreiheit der ihr zwangsweise überwiesenen Zöglinge in einem über das Mass der gewöhnlichen Schulzucht hinausgehenden Umfang zu beschränken und sie schärfer zu überwachen als die etwa freiwillig dort untergebrachten Zöglinge [20]. Dagegen wird ein in einer Familie untergebrachter Zwangszögling wohl kaum jemals als Gefangener angesehen werden können, weil eben diese weitergehende Beaufsichtigung und Beschränkung des Zöglings in der Familie nicht durchführbar ist [21].

8. Ob derjenige Inhaftierte, der nach seiner Verhaftung wegen Krankheit im Krankenhaus oder zur Beobachtung seines Geisteszustandes in einer Irrenanstalt untergebracht wird, als Gefangener im Sinne des Gesetzes anzusehen ist, ist bestritten [22]. Bezüglich des Strafgefangenen ergiebt St.-P.-O. § 493, dass auch der Aufenthalt in der Anstalt regelmässig als Gefangenschaft anzusehen ist, da die Dauer dieses Aufenthalts in die Strafzeit einzurechnen ist, wenn nicht der Verurteilte mit der Absicht, die Strafvollstreckung zu unterbrechen, die Krankheit herbeigeführt hat. Ebenso sind auch Untersuchungsgefangene, welche ins Krankenhaus gebracht werden, „durch die Überführung nicht als aus der Untersuchungshaft entlassen anzusehen, wenn sie dem Krankenhaus als solche übergeben wurden“ [23].

---

[19]) R.-G. 15, p. 39.

[20]) R.-G. 15, p. 39.

[21]) cf. hierzu noch: Edgar Loening: Die Zwangserziehung Minderjähriger nach den deutschen Reichs- und Landesgesetzen in Conrads Jahrbüchern für Nationalökonomie und Statistik, 1901; insbes. p. 82 ff.

[22]) cf. Olshausen, Note 2 h.

[23]) R.-G. 19, p. 330.

Durch eine derartige Überführung wird tatsächlich die Gefangeneigenschaft der Überführten nicht alteriert, da, wie das allegierte Urteil mit Recht weiter ausführt, die verhaftende Behörde durch Vermittelung der Krankenhausverwaltung die Überführten in ihrer Gewalt behält.

9. Dass endlich auch Kriegsgefangene im allgemeinen zu den Gefangenen im Sinne des § 120 zählen, kann nicht bezweifelt werden. Bestritten ist allerdings die Frage, ob auch dann, wenn sie auf Ehrenwort entlassen sind [24]. Dies ist mit Liszt a. a. O. § 173 und den dort Genannten zu bejahen, denn tatsächlich befindet sich der auf Ehrenwort nach einem bestimmten Ort entlassene Kriegsgefangene nicht nur moralisch, sondern auch faktisch in der Gewalt dessen, dem er das Ehrenwort gegeben hat, ist also noch Gefangener. Diese Anschauung findet auch in dem M.-St.-G.-B. selbst eine Stütze, indem es in § 159 den auf Ehrenwort Entlassenen ausdrücklich noch als „Kriegsgefangenen" bezeichnet und damit dokumentiert, dass in einer derartigen Entlassung eine Beendigung der Gefangenschaft nicht erblickt werden soll. Auch die auf eine Entweichung unter Bruch des Ehrenwortes gesetzte hohe Strafe — Todesstrafe, während sonst nach M.-St.-G.-B. § 79 bei Selbstbefreiung eines Gefangenen nur Freiheitsstrafe bis zu sechs Monaten eintritt — spricht für die hier vertretene Auffassung.

Aus dem Begriff des Gefangenen ergiebt sich ohne weiteres der der Gefangenanstalt, indem hierunter jede öffentliche Detentionsanstalt und jeder Raum zu verstehen ist, der zu längerer oder kürzerer Verwahrung von Gefangenen im oben erläuterten Sinne bestimmt ist; insbesondere gehört hierher also auch die Krankenabteilung einer Strafanstalt.

Was unter „Befreiung" zu verstehen ist, kann hier im allgemeinen nur dahin definiert werden, dass es die tatsächliche Beseitigung der Möglichkeit einer obrigkeitlichen Ein-

---

[24]) cf. Olshausen, Note 2 g.

wirkung ist, derart, dass diese Möglichkeit nicht in jedem Augenblick wiederhergestellt werden kann. Wann dies der Fall ist, wann also tatsächlich eine Befreiung vorliegt, lässt sich nur im Einzelfall nach den konkreten Umständen beurteilen. Insbesondere kann man z. B. von einer Befreiung dann nicht sprechen, wenn der Gefangene zwar aus seiner Zelle entwichen ist, aber den Bereich der Anstalt noch nicht hat verlassen können.

Hinsichtlich der Handlung hat das R.-St.-G. die Dreiteilung des preussischen St.-G.-B. unverändert beibehalten, unterscheidet also die Selbstbefreiung des Gefangenen, die Befreiung durch den Gefangenwärter und die durch dritte Personen bewirkte.

Die Selbstbefreiung des Gefangenen ist im Anschluss an die seit Böhmer in der gemeinrechtlichen Doktrin zur Herrschaft gelangte Lehre und unter Zugrundelegung des preussischen St.-G.-B., das eine Strafbestimmung wegen einfacher Selbstbefreiung nicht enthält, während noch der Entwurf von 1830 dieselbe für strafbar erklärt hatte, regelmässig straflos gelassen. Strafbar wird sie nach § 122 St.-G.-B. nur dann, wenn sie die Form der Meuterei gegen Personen oder gegen Sachen annimmt, d. h. wenn die Gefangenen sich zusammenrotten und mit vereinten Kräften entweder gegen Personen oder gegen Sachen (Abschlussvorrichtungen) Gewalt anwenden.

Unter Zusammenrottung ist hierbei, wie im § 115 St.-G.-B., zu verstehen eine räumliche Zusammenscharung von Gefangenen in der erkennbaren Absicht, die durch die Vereinigung erlangte Macht zu alsbaldigem, gemeinschaftlichem rechtswidrigen Handeln zu gebrauchen [25]). Dass die Gefangenen vorher räumlich getrennt waren, ist nicht erforderlich, vielmehr ist auch unter mehreren in einer Zelle vereinigten Gefangenen eine Zusammenrottung möglich. Dagegen kann von einer solchen solange nicht die

---

[25]) Näheres über Begriff und Erfordernisse der Zusammenrottung s. bei Heilborn in der Zeitschrift f. d. gesamte Strafrechtswissenschaft, Band 18, p. 170 ff.; s. auch Frank, Note II zu § 115.

Rede sein, als die Gefangenen räumlich noch getrennt sind[26]). Immer aber muss sich das Zusammenhalten nach aussen derart dokumentieren, dass der Entschluss der Gefangenen, gemeinschaftlich gewaltsam vorzugehen, erkennbar wird, und dass hierdurch eine Vermehrung der Gefahr für die Aufseher etc. herbeigeführt wird[27]). Dass jeder einzelne Teilnehmer sich darüber klar ist, welche strafbaren Handlungen er im einzelnen vorzunehmen beabsichtigt, ist nicht erforderlich, es genügt im allgemeinen das Bewusstsein, dass die Rotte als solche sich anschickt, Gewalttätigkeiten zu begehen. Wieviel Personen zur Bildung einer „Rotte“ erforderlich sind, ist bestritten[28]). Nach Grund und Zweck der Strafbestimmung ist die Frage dahin zu beantworten, dass die Anzahl so gross sein muss, um eine Gefahr für das Aufsichtspersonal zu bedeuten. Die Praxis nimmt an, dass schon zwei Gefangene eine „Rotte“ bilden können[29]), und das wird auch für die Praxis das Richtige sein, denn eine Bestimmung im einzelnen Fall wäre mit grossen Schwierigkeiten verknüpft und würde, wenn auch rein theoretisch vielleicht richtiger, doch in der Praxis zu den bedenklichsten Unsicherheiten Anlass geben. Nur insofern erscheint eine Einschränkung geboten, als, wenn nach Lage der Verhältnisse in der Vereinigung der mehreren Gefangenen schlechterdings keine Erhöhung der Gefahr zu erblicken ist, dann auch eine Zusammenrottung nicht wohl als vorliegend angenommen werden kann.

Der Ausbruch nach erfolgter Zusammenrottung unterscheidet sich von dem gemeinschaftlichen gewaltsamen Ausbruch nach vorheriger Verabredung, dem sogenannten komplottmässigen Ausbruch, durch die in dem Begriff der Zusammenrottung enthaltenen Plötzlichkeit und Spontanetät der Vereinigung zu strafbarer Handlung.

---

[26]) R.-G. 3, p. 1.
[27]) R.-G. 2, p. 80.
[28]) cf. Olshausen, Note 2 zu § 115.
[29]) R.-G. 13, p. 17.

Die von der Rotte begangenen Handlungen sind strafbar entweder als Meuterei gegen Personen oder gegen Sachen. Erstere liegt vor, wenn die zusammengerotteten Gefangenen mit vereinten Kräften

1. die Anstaltsbeamten oder die mit der Beaufsichtigung Betrauten angreifen, oder
2. denselben Widerstand leisten, oder
3. es unternehmen, sie zu Handlungen oder Unterlassungen zu nötigen (St.-G.-B. § 122 Abs. 1);

letztere, wenn Gefangene sich zusammenrotten und mit vereinten Kräften einen gewaltsamen Ausbruch unternehmen (§ 122, Abs. 2)[30]).

Das Tatbestandsmerkmal, dass die Gefangenen „mit vereinten Kräften“ handeln müssen, bedeutet nicht, dass jeder einzelne bei Ausführung der betreffenden Handlungen selbst mitwirken, dass also der gewaltsame Ausbruch im eigentlichen dynamischen Sinn das Ergebnis der Kräftevereinigung der sämtlichen Meuterer sein müsse, vielmehr genügt es, dass die Rotte als solche handelnd auftritt, dass jeder einzelne Meuterer die Handlungen der Rotte als die seinigen betrachtet und bereit ist, nötigenfalls selbst unterstützend aufzutreten[31]). Daher hat das Reichsgericht auch die blosse Gegenwart bei der Meuterei für ausreichend zur Anwendbarkeit des § 122 erklärt, insofern sie geeignet erscheint, die Entschlossenheit derjenigen, welche die Gewalt ausüben, zu erhöhen und die Gefahr derjenigen, welche der Rotte etwa entgegentreten, zu steigern.

---

[30]) cf. jedoch hierzu speziell Heilborn p. 172. Nach ihm kehrt sich die Macht der Rotte stets gegen Menschen, nicht gegen leblose Gegenstände.

[31]) R.-G. 15, p. 217; 17, p. 47. Über diese sehr bestrittene Frage a. A. Freudenthal p. 136: „Sollen Mehrere begangen haben, so müssen Mehrere Täterhandlungen vorgenommen haben. Es genügt nicht, wenn nur Einer eine Täter- oder Ausführungshandlung vollzogen hat, während ein Zweiter oder eine Mehrheit von Anderen sich auf Hilfstätigkeiten beschränkt hat.“

Der „gewaltsame Ausbruch“[32]) des § 122 al. 2 erfordert begrifflich, dass der Zusammenhang der äusseren Umschliessung gewaltsam beseitigt wird[33]), dass m. a. W. die Gefangenen sich mit Gewalt gegen die Abschlussvorrichtungen einen Ausweg aus dem Gefängnis suchen. Eine solche Gewaltanwendung erblickt das Reichsgericht in der Anwendung eines falschen Schlüssels an sich nicht, sondern nur dann, wenn etwa das Schloss dem falschen Schlüssel einen grösseren Widerstand entgegensetzt, als dem richtigen, sodass ein Öffnen mit dem falschen Schlüssel grösseren Kraftaufwand erfordert als mit dem richtigen[34]). Die Konsequenz dieses Satzes würde dann aber offenbar die sein, dass selbst bei Anwendung eines ordnungsmässigen Schlüssels ein gewaltsamer Ausbruch als vorliegend anzunehmen wäre, wenn durch irgendwelche Umstände das Schloss „schwer geht“, d. h. einen grösseren Widerstand als den normalen leistet. Offenbar kann von einem gewaltsamen Ausbruch dann nicht die Rede sein, wenn nur das zur ordnungsmässigen Eröffnung bestimmte Werkzeug angewandt wurde, während andererseits eine Gewaltsamkeit im weiteren Sinne jedesmal dann anzunehmen ist, wenn beim Öffnen ein nicht zur ordnungsmässigen Eröffnung bestimmtes Werkzeug — der falsche Schlüssel — benutzt wurde.

Die Strafe ist in beiden Fällen, bei Meuterei gegen Personen sowohl wie bei solcher gegen Sachen, Gefängnis nicht unter sechs Monaten; gegen diejenigen Meuterer, welche Gewalttätigkeiten gegen die Anstaltsbeamten oder die mit der Beaufsichtigung Beauftragten verüben, Zuchthaus bis zu zehn Jahren, neben welchem auf Zulässigkeit von Polizeiaufsicht erkannt werden kann. Die Strafbarkeit von Versuch und Teilnahme richtet sich nach den allgemeinen Vorschriften, doch ist zu beachten, dass das

---

[32]) Über den in dieser Zusammenstellung liegenden Pleonasmus s. richtig Olshausen, Note 8 zu § 122.

[33]) R.-G. 27, p. 397.

[34]) R.-G. 17, p. 47.

Gebiet der Beihilfe hier zu gunsten der Haupttat stark eingeengt erscheint, da, wie oben ausgeführt, ein genereller Dolus, das Mitlaufen in der Rotte, zur Strafbarkeit wegen der Haupttat genügt, und deshalb leicht Handlungen, die unter anderen Umständen wohl als Beihilfe zu qualifizieren wären, unter den Begriff der Haupttat fallen.

Abgesehen von dem qualifizierten Fall der Meuterei ist jedoch, wie schon erwähnt, die Selbstbefreiung straflos gelassen (s. oben p. 57), weil das Gesetz „aus humanen Beweggründen dem Freiheitsdrang eines Menschen glaubte Rücksicht schenken zu sollen“ [35]). Wie oben im historischen Teil ausgeführt, ist diese Straflosigkeit seit Kress und Böhmer in der Doktrin zur Herrschaft gelangt und seitdem wie ein Dogma unerschütterlich festgehalten worden [36]). Für ihre Rechtfertigung berief man sich auf Gründe der allgemeinen Menschlichkeit, die es verbiete, den Gefangenen wegen einer Handlung, die nur dem natürlichen Instinkte, dem Triebe der Selbsterhaltung entsprungen sei, auch noch zu strafen. Irgendwelche innere, juristische Gründe wurden nicht angeführt, und in der Tat sind auch kaum welche anzuführen. Die Entziehung des Gefangenen aus der Haft ist ein Eingriff in die Strafvollstreckungsgewalt des Staates, ein Angriff gegen den Staat selbst, mithin eine strafbare Handlung, einerlei ob sie von dritten Personen oder von dem Gefangenen selbst verursacht wird. Dass der natürliche Instinkt den Gefangenen dazu treibt, sich aus der Gefangenschaft zu befreien, mag bei der Strafzumessung in concreto ins Gewicht fallen, kann aber die Tatsache, dass der Gefangene sich in offenen Widerspruch setzt zu dem ausgesprochenen Willen des Gesetzes, nicht beseitigen. Ebenso wie derjenige, welcher einen Mundraub begeht, immerhin einen wenn auch sehr stark privilegierten Diebstahl verübt, mithin eine strafbare Handlung begeht, so auch der Gefangene, der sich selbst befreit. In der Tat ist auch kaum ein-

[35]) R.-G. 3, p. 140.

[36]) S. darüber auch Hofmann p. 46 ff., 55 ff.

zusehen, weshalb ein Mensch, der von Hunger getrieben ein Stück Brot wegnimmt und verzehrt, bestraft werden soll, ein Gefangener dagegen, der Zeit und Gelegenheit genug hatte, die Folgen seines Tuns, die Gründe dafür und dagegen zu erwägen, und der trotzdem zu dem Entschluss gelangt, sich in Widerspruch mit der Rechtsordnung zu setzen und zu entfliehen, dass ein solcher Gefangener straflos bleiben solle! Es erscheint im Gegenteil angebracht, dem natürlichen Freiheitsdrang des Gefangenen nicht noch durch die Zusicherung der Straflosigkeit für den Fall der Flucht künstlich Unterstützung zu leihen[37]. Der Erkenntnis, dass irgendwelche Reaktion gegen eine Selbstbefreiung erfolgen müsse, konnte man sich denn auch auf die Dauer nicht verschliessen, und da der Staat die Kriminalstrafe hierfür versagte, war man auf die Disziplinarstrafe angewiesen. Nun liegt aber zunächst doch auf der Hand, dass es sich hier nicht um einen blossen Verstoss gegen die Disziplin handelt. Der Gefangene, der, sei es mit, sei es ohne Ausbruch, aus dem Gefängnis flieht, verstösst doch nicht nur gegen die Hausordnung der Anstalt, wie etwa derjenige, der seine Zelle nicht vorschriftsmässig reinigt oder die ihm zugewiesene Arbeit nicht leistet, vielmehr verletzt er das Recht des Staates auf Gehorsam in viel höherem Masse und verletzt, bezw. gefährdet auch direkt die Gesellschaft, indem er eine bis dahin gebundene, in ihrer Wirksamkeit paralysierte Gefahr wieder akut macht, genau so wie der Aussenstehende, der einen Gefangenen befreit. Dieser Gefährdung der Gesellschaft aber kann in geeigneter Weise nur durch kriminelle Strafe entgegengetreten werden. Auch ein anderer, mehr praktischer Grund spricht dafür, die kriminelle Straflosigkeit der Selbstbefreiung wieder zu beseitigen. Die Verschiedenheit der auf die Selbstbefreiung nach den verschiedenen Hausordnungen gesetzten Disziplinarstrafen ist nämlich weder sachgemäss, noch zweckentsprechend. Wie durch Umfrage

---

[37]) cf. hierzu auch v. Kräwel im Gerichtssaal, Band 34, p. 505 ff.

bei den wichtigeren Strafanstalten der deutschen Bundesstaaten[38]) festgestellt wurde, kommt zur Zeit als Strafe bei versuchter oder vollendeter Selbstbefreiung hauptsächlich zur Anwendung Arrest, je nach Lage des Falles in Verbindung mit Entziehung hausordnungsmässiger Vergünstigungen, wie Entziehung der Besuche, des Briefwechsels, der Bücher und Druckschriften, Entziehung der Arbeit, Entziehung des Bettlagers, Schmälerung der Kost, Verdunkelung der Zelle, eventuell Fesselung; in manchen Anstalten sogar Prügelstrafe, die jedoch heute nur noch selten vollstreckt wird[39]). Die Verhängung der Strafe er-

---

[38]) Es sind dies in: a) Baden: Gr. Zuchthaus in Bruchsal; Gr. Landesgefängnis in Freiburg i. Br. — b) Bayern: Kgl. Gefangenanstalt Amberg; Kgl. Gefangenanstalt St. Georgen-Bayreuth. — c) Elsass-Lothringen: Kaiserl. Strafanstalt zu Ensisheim. — d) Hessen: Gr. Zellenstrafanstalt Butzbach; Gr. Gefängnis Mainz; Gr. Landeszuchthaus Marienschloss. — e) Mecklenburg-Schwerin: Gr. Strafanstalt Dreibergen. — f) Oldenburg: Gr. Gefängnisanstalt Oldenburg. — g) Preussen: Kgl. Strafanstalt Brandenburg a. d. H.; Kgl. Strafgefängnis Breslau; Kgl. Gefängnis Halle a. d. S.; Kgl. Strafanstalt Moabit; Kgl. Strafanstalt Münster i. W.; Kgl. Strafanstalt Werden a. d. Ruhr. — h) Sachsen: Kgl. Gefängnisstrafanstalt Bautzen; Kgl. Gefängnisstrafanstalt Hoheneck; Kgl. Zuchthaus Waldheim. — i) Württemberg: Kgl. Landesgefängnis Hall; Kgl. Zellengefängnis Heilbronn; Kgl. Zuchthaus Ludwigsburg.

[39]) Der Bundesrat hat durch Beschluss vom 28. Oktober 1897 „Grundsätze, welche bei dem Vollzug gerichtlich erkannter Freiheitsstrafen bis zu anderweiter gemeinsamer Regelung zur Anwendung kommen" aufgestellt, in deren § 34 als zulässige Disziplinarmittel angegeben werden: 1. Verweis. 2. Entziehung hausordnungsmässiger Vergünstigungen. 3. Entziehung der Bücher und Schriften bis zur Dauer von vier Wochen. 4. Bei Einzelhaft Entziehung der Arbeit bis zur Dauer einer Woche. 5. Entziehung der Bewegung im Freien bis zur Dauer einer Woche. 6. Entziehung des Bettlagers bis zur Dauer einer Woche. 7. Schmälerung der Kost bis zur Dauer einer Woche. 8. Fesselung bis zur Dauer von vier Wochen. 9. Einsame Einsperrung bis zur Dauer von sechs Wochen, die wieder verschärft werden kann durch eine der unter 2, 3, 4, 6, 7 genannten Massregeln oder durch Verdunkelung der Zelle. — Da jedoch die anderweit etwa eingeführten Disziplinarmittel bestehen bleiben, so ist der zur Zeit bestehende Rechtszustand durchaus ungleichartig.

folgt entweder durch den Anstaltsvorstand oder auf dessen Bericht durch die Aufsichtsbehörde, wobei im einzelnen bezüglich des Strafmasses die grösste Verschiedenheit herrscht. Da dieses System aber offensichtlich ungeeignet ist, so erscheint es ratsam, die in der Aufklärungszeit in übertriebener Humanität eingeführte Straflosigkeit der Selbstbefreiung wieder zu beseitigen. Daher schlägt schon v. Kräwel a. a. O. die Einfügung folgender Vorschrift vor:

„Wer sich aus der Gefangenanstalt oder aus der Gewalt der bewaffneten Macht, des Beamten oder desjenigen, unter dessen Beaufsichtigung, Begleitung oder Bewachung er sich befindet, eigenmächtig befreit, wird mit Gefängnis bis zu drei Jahren bestraft."

„Der Versuch ist strafbar."

In der Tat ist die Einfügung einer derartigen Vorschrift dringend zu wünschen, jedoch nicht, wie v. Kräwel befürwortet, an Stelle des § 120, sondern neben demselben, sodass etwa als § 120a folgende Bestimmung aufzunehmen wäre:

„Ein Gefangener, der sich" etc. wie oben. Die Beihülfe zur Selbstbefreiung wäre dann nach § 49 strafbar, und es müsste somit die entsprechende Bestimmung in § 120 wegfallen.

Bezüglich der „Teilnahme" (im Sinne des dritten Abschnittes des ersten Teils St.-G.-B.) an der Selbstbefreiung ist zunächst festzustellen, dass eine gemeinsame Begehung, eine Mittäterschaft im Sinne des § 47 wohl möglich ist, ohne dass der Tatbestand des § 122 erfüllt wird; sie würde z. B. dann vorliegen, wenn zwei Gefangene sich verabreden, bei der Aussenarbeit gemeinsam davonzulaufen, und dies auch wirklich ausführen. In diesem Fall wären sie beide für straflos zu erachten. Doch kann grade in diesem Falle auch leicht eine möglicherweise gegenseitige strafbare Hülfeleistung zur Selbstbefreiung vorliegen, z. B. dann, wenn etwa der Gefangene A, der von seinem Standpunkt aus den überwachenden Wärter besser beobachten kann dem Gefangenen B durch Zeichen den geeigneten

Moment zur Flucht angibt, und B dafür seinerseits die zur Arbeit abgelegten Kleider des A mitwegnimmt, um sie diesem nachher auszuhändigen. Wann gemeinsame Selbstbefreiung (straflos) und wann dagegen wechselseitige Unterstützung zur Selbstbefreiung (strafbar) vorliegt, wird jedoch nur im konkreten Fall durch genaue Prüfung festgestellt werden können[40]).

Da die Haupttat straflos ist, so wäre an sich nach § 49 St.-G.-B. auch die Beihilfe zur Selbstbefreiung straflos. Demgegenüber bestimmt jedoch § 120 zweiter Halbsatz, dass die vorsätzliche Hilfeleistung zur Selbstbefreiung ebenso bestraft werden soll, wie die gewöhnliche Gefangenenbefreiung, stempelt also hierdurch die an sich straflose Beihilfe zu einem eigenen Delikt. Die Entwürfe des preussischen St.-G.-B. von 1845 und 1847 hatten ähnliche Sonderbestimmungen vorgesehen (1845: „oder demselben — i. e. dem Gefangenen — zu seiner Befreiung Hilfe leistet"; 1847: „oder dessen Entweichung befördert"), jedoch sind dieselben in § 94 des preussischen St.-G.-B. nicht aufgenommen, da, wie die Motive erklären, die blosse Beförderung der Flucht eines Gefangenen nach § 37 als Begünstigung zu beurteilen sei[41]). Da das R.-St.-G.-B. nicht, wie das preussische, die Begünstigung im allgemeinen Teil behandelt, sondern als delictum sui generis in den speziellen Teil übernommen hat, so ergab sich die Notwendigkeit, die hierdurch entstandene Lücke auszufüllen, und aus diesem Grunde wurde der zweite Halbsatz des § 120 eingefügt[42]). Strafbar ist hiernach nur die vorsätzliche Beihilfe, worunter wohl nichts anderes zu verstehen ist, als unter der wissentlichen Beihilfe des § 49. Auch sonst unterscheidet sich die Beihilfe des § 120 nicht von der des § 49; sie kann

---

[40]) cf. hierüber auch Goltdammer, Materialien zum preussischen St.-G.-B. II, § 94, Note 5 a. E.

[41]) cf. Goltdammer: a. a. O. II, p. 143.

[42]) Der Gesichtspunkt der Begünstigung würde übrigens auch deshalb nicht genügen, weil ja der befreite Gefangene nicht ein Strafgefangener zu sein braucht.

wie diese geleistet werden durch Rat oder Tat, insbesondere auch durch Unterlassung, z. B. durch Verabsäumung der ordnungsmässigen Bewachung der Gefangenen. Die Strafe ist Gefängnis bis zu drei Jahren. Der Versuch ist strafbar.

Aus der Straflosigkeit der Selbstbefreiung folgt nach § 48 St.-G.-B., dass auch derjenige, der einen Gefangenen zur Selbstbefreiung lediglich anstiftet, ohne ihm gleichzeitig Hilfe zu leisten, ebenfalls straflos ist. Wie aber ist der Fall zu beurteilen, dass ein Gefangener einen Fremden anstiftet, ihn zu befreien? Begeht der Gefangene hierdurch nur eine straflose Selbstbefreiung oder macht er sich als Anstifter zu dem Vergehen des § 120 strafbar? Der erste Strafsenat des Reichsgerichts hat in einem Urteil vom 29. November 1880[43]) diese Frage im letzteren Sinne entschieden, und bei der Wichtigkeit der Frage erscheint es angebracht, die Begründung dieser Entscheidung etwas näher zu prüfen. In den Gründen des erwähnten Urteils wird ausgeführt:

„Aus dem die Tätigkeit Dritter behufs Befreiung von Gefangenen mit Strafe bedrohenden § 120 ergiebt sich, dass zwar die von dem Gefangenen mittels seiner eigenen Tätigkeit bewirkte Befreiung seiner selbst als solche straflos ist, dass dagegen das Gesetz dritten Personen nicht das Recht gewähren wollte, straflos unmittelbare Eingriffe in die von der Obrigkeit angeordneten Massregeln zu verüben. Wenn das Gesetz hiernach aus humanen Gründen dem Freiheitsdrang eines Menschen glaubte Rücksicht schenken zu sollen, so führt diese Erwägung doch nicht dazu, der Strafbarkeit auch jene Handlungen des Gefangenen zu entziehen, durch welche er Ursache der verbrecherischen Tätigkeit eines andern geworden ist. Eine Ausdehnung der Straflosigkeit auch auf solche Handlungen des Gefangenen hat in dem Gesetz einen Ausdruck nicht gefunden. Es sind daher auf dieselben die allgemeinen Grundsätze anzuwenden."

---

[43]) R.-G. 3, p. 140.

Und weiter:

„Die Anwendung dieser Gesetzesbestimmung (nämlich des § 48 St.-G.-B.) führt dahin, dass jene Tätigkeit des Gefangenen, welche sich als Anstiftung zu einer unter § 120 St.-G.-B. fallenden strafbaren Handlung einer andern Person darstellt, nach Massgabe des § 48 St.-G.-B. strafbar ist, und dass ihre Strafbarkeit nicht durch den von dem Gefangenen verfolgten Zweck der eigenen Befreiung aufgehoben wird. Der Gefangene, welcher eine andere Person dazu anstiftet, ihn zu befreien oder ihm zur Selbstbefreiung behilflich zu sein, ist dadurch nicht strafloser Teilnehmer an einer für ihn straflosen Handlung, sondern begeht mittels Anstiftung eine von der blossen Selbstbefreiung verschiedene, selbständige strafbare Handlung, wird Ursache einer selbständigen Straftat einer anderen Person, nämlich des Vergehens des § 120 St.-G.-B."

Dieses Urteil, das allerdings zunächst befremdlich erscheinen muss, hat denn auch manchen Widerspruch gefunden. Es widerspricht dem natürlichen Rechtsgefühl, dass der Gefangene, der sich etwa durch Überlistung des Wärters befreit, straflos bleiben soll, während er strafbar wird, wenn er an der Befreiungshandlung eines andern nur als „Anstifter" Anteil nimmt. Dass das angeführte Urteil auch tatsächlich dem positiven Recht nicht entspricht, sucht Herzog in seinem Aufsatz „Zur Lehre von der Anstiftung und der Beihilfe" nachzuweisen [44]). Die wirkliche Absicht des Gefangenen, so argumentiert er, der eigentliche Zweck seiner Handlung sei nur der, sich selbst zu befreien, der Anstifterdolus fehle ihm gänzlich; er habe also den sich aus § 120 ergebenden Rechtssatz, dass die Selbstbefreiung straflos bleibe, für sich; die an erster Stelle massgebende Intention des Gesetzgebers in dem Hauptgesetz stehe ihm, dem sogenannten Anstifter, rechtfertigend und dem Anstiftungsparagraphen gegenüber entlastend zur Seite. Von einer Gleichheit der die Tat be-

[44]) Gerichtssaal, Band 34, p. 81 ff.

herrschenden Absicht auf seiten des sogenannten Anstifters und des Angestifteten könne keine Rede sein, und eben deshalb auch nicht von einer Gleichheit des Haupttatbestands. Der sogenannte Anstifter habe bei seinem Handeln das Hauptgesetz für sich, der andere gegen sich. Die scheinbare Anstiftungshandlung sei also in Wirklichkeit nur eine strafrechtlich indifferente Vorbereitung und sozusagen Inszenierung der Selbstbefreiung.

So bestechend diese Schlussfolgerung auf den ersten Anblick scheinen mag, so kann sie doch einer näheren Prüfung kaum standhalten. Wenigstens war es mir nicht möglich, die schweren Bedenken, die sich aus § 48 St.-G.-B. ergaben, zu entkräften. Es macht den Eindruck, als ob bei der Herzog'schen Konstruktion der Wunsch unbewusst des Gedankens Vater geworden sei. Auch der allgemeine Grundsatz, dass, falls das Gesetz von mehreren Beteiligten nur einen für strafbar erklärt, damit die Straflosigkeit der übrigen ausgesprochen ist, vermag an diesem Resultat nichts zu ändern, denn die Handlung ist eben im vorliegenden Falle für beide Beteiligten nicht die gleiche.

Man wird sich also für das geltende Recht leider der vom Reichsgericht gezogenen Konsequenz nicht entziehen können[45]. Der Widerspruch wird sich bei der Revision des St.-G.-B. nur beseitigen lassen durch die Wiedereinführung der kriminellen Strafbarkeit der Selbstbefreiung (s. oben S. 61 ff.) oder, falls man sich hierzu nicht verstehen könnte, durch Aufnahme einer speziell diesen Fall in Betracht ziehenden Bestimmung.

Es bedarf kaum einer besonderen Erwähnung, dass, falls der Gefangene bei Gelegenheit der Selbstbefreiung

---

[45]) Ebenso Olshausen Note 7; Oppenhoff Note 10 und die dort Angeführten. A. A. Frank zu § 120, III. — Einen sehr glücklichen Gesichtspunkt führt Freudenthal, p. 117, in die Erörterung ein: „Wenn eine Person ein Rechtsgut in Gemeinschaft mit einer andern Person verletzen oder gefährden darf, so muss sie erst recht straflos bleiben, wenn sie es durch Anstiftung oder Unterstützung dieser andern Person nur gefährdet oder blos leichter gefährdet."

etwa noch besondere Delikte begeht (z. B. Sachbeschädigung oder dergl.), diese durch die Straflosigkeit der Selbstbefreiung nicht gedeckt werden, sondern strafbar bleiben.

Der Normalfall der Gefangenenbefreiung ist nach geltendem Recht der der §§ 120, 121 St.-G.-B. Nach § 120 ist strafbar, wer vorsätzlich einen Gefangenen

a) aus der Gefangenanstalt oder

b) aus der Gewalt der bewaffneten Macht, des Beamten oder desjenigen, unter dessen Beaufsichtigung, Begleitung oder Bewachung er sich befindet, befreit.

Täter kann hiernach jeder beliebige Dritte ausser dem Gefangenen selbst oder dem Gefangenaufseher sein. Strafbar ist nur die vorsätzliche Befreiung, doch genügt dolus eventualis. Was unter Befreiung zu verstehen ist, wurde oben schon im allgemeinen dahin erläutert, dass es die Beseitigung der Möglichkeit einer obrigkeitlichen Einwirkung bedeutet, derart, dass diese Möglichkeit nicht in jedem Augenblick wiederhergestellt werden kann. Da die Gefangenenbefreiung ein Delikt gegen die Staatsgewalt ist, mithin einen Widerstand gegen die Staatsgewalt zur Erfüllung des Tatbestands erfordert, so muss der Begriff der Befreiung noch weiter dahin beschränkt werden, dass diese „staatsfeindliche“ Richtung darin zum Ausdruck kommen muss. Es kann mithin nicht jede Handlung, in welcher der Wille, einen Gefangenen freizumachen, zum Ausdruck kommt, im Sinne des Gesetzes als eine auf Befreiung gerichtete angesehen werden, vielmehr nur eine solche, welche einen Angriff auf die in der Gefangenhaltung zum Ausdruck kommende Ausübung der obrigkeitlichen Gewalt in sich schliesst [46]. Demgemäss kommt das Reichsgericht speziell bei der Befreiung aus der Gewalt eines bewachenden Beamten zu der richtigen Folgerung, dass ein solcher Angriff nicht schon dann angenommen werden kann, wenn ein Dritter dem Beamten gegenüber irgendwie das Verlangen kundgibt, dass der

[46]) R.-G. 34, p. 8.

Gefangene freigelassen werde, sondern dass eine Willensbetätigung erforderlich sei, die darauf abzielt, den Gefangenen der Gewalt des Beamten durch eine unberechtigte Gegenwirkung gegen dessen Amtsausübung zu entziehen. Vollendet ist das Vergehen der Gefangenenbefreiung dann, wenn der internierte Gefangene die Abschlussvorrichtungen der Gefangenanstalt tatsächlich überwunden hat, bezw. bei nicht internierten, wenn die Gewalt der beaufsichtigenden Personen wirklich gebrochen ist. Die Dauer der Unmöglichkeit einer Einwirkung ist bedeutungslos, sofern nur eine Unmöglichkeit wirklich und nicht nur scheinbar vorliegt.

Die Befreiung kann erfolgen aus der Gefangenanstalt, aus der Gewalt der bewaffneten Macht, des Beamten oder desjenigen, unter dessen Beaufsichtigung, Begleitung oder Bewachung der Gefangene sich befindet. Was unter Gefangenanstalt zu verstehen ist, wurde schon oben S. 56 erläutert; der Begriff der bewaffneten Macht bedarf einer Erläuterung nicht; derjenige, unter dessen Beaufsichtigung etc. der Gefangene sich befindet, ist z. B. der Privataufseher bei der Aussenarbeit.

Über die Strafbarkeit der Beihilfe zur Selbstbefreiung s. oben S. 65 ff. Die Strafe ist Gefängnis bis zu drei Jahren, der Versuch ist strafbar.

Während § 120 sich auf jeden bezieht, der eine Gefangenenbefreiung bewirkt oder befördert, hat § 121 speziell den Fall im Auge, dass der mit der Beaufsichtigung oder Begleitung eines Gefangenen Beauftragte den Gefangenen entweichen lässt oder seine Befreiung befördert. Der Tatbestand erfordert, dass dem Täter von zuständiger Seite der Auftrag zur Beaufsichtigung oder Bewachung erteilt wurde, d. h. von einer zuständigen Behörde oder einem zuständigen Beamten. Wenn also ein gemäss § 127 St.-P.-O. Festgenommener, der ja, wie oben ausgeführt, überhaupt zunächst noch nicht als Gefangener zu betrachten ist, von der verhaftenden Privatperson einem Dritten zur Bewachung übergeben wurde, so kann dies als ein Auftrag zur Beaufsichtigung oder Begleitung im Sinne der vorliegenden Gesetzesstelle nicht angesehen werden. Lässt daher dieser Dritte den so Verhafteten laufen, so trifft ihn die Strafbestimmung des § 121 nicht. Eine derartige Beauftragung ist dagegen anzunehmen bei dem Krankenwärter, falls ein Untersuchungsgefangener ins Krankenhaus überführt wird[47]), während bei Überführung eines Strafgefangenen die betreffende Krankenstube im Sinne des Gesetzes als „Gefangenanstalt" zu betrachten ist[48]). Denn der Krankenwärter wird, wie das Reichsgericht ausführt, durch die Überführung verpflichtet, „die ihm als Untersuchungsgefangene übergebenen Kranken bezüglich der Freiheit ihrer Bewegung in einem das Mass der Krankenaufsicht überschreitenden, als Bewachung auftretenden Umfang zu beschränken, eine Sicherheitsaufsicht zu üben", d. h. also, er ist mit der Beaufsichtigung des Überführten beauftragt. Das Gleiche wird regelmässig anzunehmen sein von demjenigen, dem gegen Entgelt Gefangene von der Gefängnisverwaltung zur Arbeit überlassen werden, sofern diese Gefangenen nicht etwa hierbei unter der Aufsicht eines besonderen Wärters stehen, denn in diesem letzteren Fall hat der Wärter als Beamter die Überwachungspflicht, nicht der Pächter der Arbeitskräfte. Als befugt zur Erteilung eines derartigen verbindlichen Auftrags muss insbesondere auch der Führer eines Gefangenentransportes gelten, der aus irgend welchem Anlass einen Dritten mit Beaufsichtigung der Gefangenen beauftragt hat, vorausgesetzt, dass der Dritte den Auftrag angenommen hat oder doch hierzu verpflichtet war[49]).

Die unter Strafe gestellte Handlung besteht darin, dass der Täter den seiner Beaufsichtigung oder Bewachung überwiesenen Gefangenen entweichen lässt oder seine Befreiung befördert. Die Gegenüberstellung dieser beiden Begriffe („oder") deutet schon darauf hin, dass darunter

---

[47]) R.-G. 19, p. 330.
[48]) S. oben p. 56.
[49]) R.-G. 7, p. 103.

nicht dasselbe verstanden sein kann. In der Tat ergiebt auch schon der Wortsinn, dass unter „Entweichenlassen" die unterlassene Verhinderung der Selbstbefreiung zu begreifen ist, — also Unterlassungsdelikt —, während „Befreiung befördern" eine positive Tätigkeit voraussetzt, welche darauf abzielt, der in irgend welcher Weise ins Werk gesetzten Befreiung des Gefangenen — Selbstbefreiung oder Befreiung durch Dritte — tatsächliche Förderung angedeihen zu lassen. Wie diese Förderung erfolgt, ob durch direkte Befreiung oder durch Unterstützung der Selbstbefreiung mittels positiver Tätigkeit — nicht aber mittels Unterlassung —, ist einerlei[50]). Die Grenze zwischen beiden Begriffen ist allerdings im konkreten Fall nicht immer scharf zu ziehen, ist aber begrifflich doch vorhanden, und deshalb geht es wohl zu weit, wenn R.-G. 5, 324 die Möglichkeit einer scharfen Unterscheidung überhaupt in Abrede stellt.

Strafbar ist nach § 121 al. 2 im Gegensatz zu § 120 nicht nur vorsätzliches Handeln, sondern auch Fahrlässigkeit. Hierbei kommt es nicht darauf an, dass der Täter grade die konkrete Art und Weise, in welcher der Gefangene tatsächlich seine Befreiung bewerkstelligte, vorhersehen konnte, vielmehr genügt das fahrlässige Ausserachtlassen der Möglichkeit, dass durch seine Handlung die Entweichung oder Befreiung in irgendwelcher Weise gefördert werden könne, in Verbindung mit dem Umstande, dass eine derartige Förderung auch wirklich erfolgte, dass also die Befreiung oder Entweichung gerade unter Benutzung der vom Täter herbeigeführten Erleichterung stattfand[51]); denn andernfalls könnte von einer Förderung der Befreiung überhaupt nicht die Rede sein.

Hierbei ist das „Entweichen" in Absatz 2 l. c. in einem weiteren Sinne zu verstehen, als in Absatz 1. Denn während in der letzterwähnten Stelle die Gegenüberstellung

---

[50]) cf. Olshausen, Note 3 zu § 121.

[51]) So R.G. 15, p. 345 mit Gründen, die auch im vorliegenden Fall zutreffend sind.

der „Befreiung" ergiebt, dass unter „Entweichung" nur die Selbstbefreiung des Gefangenen zu verstehen ist, umfasst die Entweichung des Absatz 2 jede Entziehung des Gefangenen aus der Gefangenschaft, einerlei ob dieselbe durch den Gefangenen selbst oder durch Dritte mit oder ohne Zutun des Gefangenen erfolgte[52]).

Die Strafe ist im Falle des Absatz 1 (bei Dolus) Gefängnis bis zu drei Jahren, im Falle des Absatz 2 Gefängnis bis zu drei Monaten oder Geldstrafe bis zu 300 Mark.

Materiell von den Vergehen der §§ 120, 121 nicht wesentlich verschieden, aber leider im geltenden St.-G.-B. von denselben gänzlich losgerissen ist der Tatbestand des § 347. Hiernach ist strafbar ein Beamter, welcher

1. einen Gefangenen, dessen Beaufsichtigung, Begleitung oder Bewachung ihm anvertraut ist, vorsätzlich entweichen lässt, oder dessen Befreiung vorsätzlich bewirkt oder befördert (Absatz 1) oder

2. seine Entweichung durch Fahrlässigkeit befördert oder erleichtert (Absatz 2).

Das Delikt ist ein sogenanntes uneigentliches Amtsdelikt, d. h. die Beamtenqualität des Täters bildet einen Straferhöhungsgrund, ohne dass jedoch der sachliche Tatbestand eine Begehung durch andere Personen ausschliesst, m. a. W. ohne dass die zu grunde liegende Norm eine besondere ist, sich nur an bestimmte Klassen von Personen wendet, ohne dass also das Delikt ein Sonderdelikt ist[53]).

Täter kann sein ein Beamter irgendwelcher Art. Nicht notwendig ist, dass die Beaufsichtigung etc. des Gefangenen zu den amtlichen Funktionen des Beamten gehört, wohl aber, dass ihm gerade mit Rücksicht auf seine Beamtenqualität die Beaufsichtigung anvertraut ist.

Abgesehen von diesem Unterschied in der Person des Täters ist jedoch der Tatbestand des § 347 nicht ver-

---

[52]) cf. Olshausen Note 2 zu § 121.

[53]) cf. hierzu Binding: Grundriss I, Sechste Auflage, § 24.

schieden von dem des § 121. Das Erfordernis, dass dem Beamten die Beaufsichtigung, Begleitung oder Bewachung anvertraut sein muss, bedeutet im Grunde nichts anderes, als das „Beauftragtsein" in § 121. Anvertraut ist der Gefangene dem Beamten zunächst in dem Falle, dass er ihm als solcher von zuständiger Seite zur Bewachung übergeben und von dem Beamten übernommen wurde, weiter aber auch ohne diese Übergabe dann, wenn das Gesetz dem Beamten die Pflicht zur Beaufsichtigung etc. des Gefangenen auferlegt, wenn also zur Zeit der das Entweichen bewirkenden oder befördernden Tätigkeit die amtliche Pflicht zur Beaufsichtigung etc. besteht[54]). Stets dagegen ist erforderlich, dass der Beamte den Gefangenen zur Beaufsichtigung etc. übernimmt. Lehnt der Beamte dies ab, so kann er eventuell bei ungerechtfertigter Ablehnung aus anderen Gründen strafbar sein, fällt aber nicht unter die Bestimmung des § 347; denn diese richtet sich nicht gegen die unrechtmässige Unterlassung der Annahme eines Gefangenen[55]). Diese Übernahme eines Gefangenen kann natürlich auch stillschweigend geschehen und wird regelmässig dann anzunehmen sein, wenn der Beamte das an ihn gerichtete Verlangen der Übernahme nicht ausdrücklich ablehnt.

Die Handlung besteht nach Absatz 1 in vorsätzlichem Entweichenlassen oder vorsätzlicher Bewirkung oder Beförderung der Befreiung. Auch hier ist, wie im § 121 unter „Entweichenlassen" die unterlassene Verhinderung der Selbstbefreiung zu verstehen, während das „Bewirken oder Befördern" eine Förderung des Befreiungsaktes mittels positiver Tätigkeit voraussetzt; desgleichen genügt auch hier dolus eventualis. Für das fahrlässige Delikt nach Absatz 2 ist jedoch dieser Unterschied zwischen Entweichen-

[54]) R.-G. 8, p. 313. 27, p. 209.

[55]) cf. R.-G. 13, p. 254. Dagegen erklärt R.-G. 27, p. 209, dass auch ohne ausdrückliche Übernahme der Begriff des Anvertrauens dann gegeben sei, wenn für den Beamten eine Pflicht zur Beaufsichtigung etc. des Gefangenen besteht.

lassen und Bewirkung oder Beförderung der Befreiung nicht festgehalten, sondern einfach die fahrlässige Beförderung oder Erleichterung der Entweichung unter Strafe gestellt.

Der nach Absatz 1 erforderliche Vorsatz umfasst das Bewusstsein, dass es sich um einen Gefangenen handelt, der dem Täter in dem oben erläuterten Sinne anvertraut ist, sowie dass die Handlung bezw. Unterlassung des Täters geeignet ist, die Entweichung oder Befreiung des Gefangenen zu ermöglichen, bezw. zu erleichtern. Wird nun dieser Vorsatz dadurch ausgeschlossen, dass der Beamte, welcher die Gefangenschaft eines unter seiner Bewachung befindlichen Gefangenen vorübergehend aufhebt, in der Annahme handelt, der Gefangene werde nach kürzerer oder längerer Zeit freiwillig in die Gefangenschaft zurückkehren? Das Reichsgericht hat in einer Entscheidung vom 5. Juli 1894 [56]) diese Frage verneint, da unter Entweichung im Sinne des § 347 jede vorsätzlich oder fahrlässig verursachte Aufhebung der Gefangenschaft von seiten der für die Aufrechterhaltung der letzteren verantwortlichen Personen zu begreifen sei, und nichts darauf ankomme, ob der Täter die Absicht hatte, der Befreite solle die Freiheit zur Flucht aus dem Lande oder dergl. benutzen, oder ob er hoffte, derselbe werde freiwillig ins Gefängnis zurückkehren. Dieser Schlussfolgerung wird man sich in der Tat anschliessen müssen, denn der Täter hatte in dem angegebenen Fall zweifellos den Vorsatz, den Gefangenen, wenn auch nur vorübergehend, auf freien Fuss zu setzen, und hat diesen Vorsatz auch ausgeführt. Er hat also vorsätzlich eine Befreiung herbeigeführt. Die Dauer dieser Befreiung ist an sich gleichgiltig, und auch die Absicht, dass der Gefangene zurückkehren solle, bezw. die Annahme, dass er tatsächlich zurückkehren werde, vermag an der Tatsache, dass der Beamte die Befreiung vorsätzlich herbeiführte, nichts zu ändern. Erforderlich

---

[56]) R.-G. 26, p. 53.

ist allerdings, dass wirklich in dem Zustande der Gefangenschaft eine Änderung eingetreten war, dass eine Aufhebung derselben tatsächlich vorlag. Eine solche ist aber nicht anzunehmen, wenn etwa der Beamte nur vorübergehend es an der nötigen Bewachung fehlen liess, ohne dass es zu einer Befreiung kam[57]). Die Annahme des Beamten, der Gefangene werde freiwillig zurückkehren, mag bei der Strafzumessung im weitesten Umfang in Betracht gezogen werden, dergestalt, dass dem Beamten wohl meist mildernde Umstände zuzubilligen sein werden, kann aber seine Schuld nach § 347 Absatz 1 nicht ausschliessen.

Die Strafe ist für das Verbrechen des Absatz 1 Zuchthaus bis zu fünf Jahren, bei mildernden Umständen Gefängnis nicht unter einem Monat; für das Vergehen des Absatz 2 Gefängnis bis zu sechs Monaten oder Geldstrafe bis zu 600 Mark.

Der Versuch des Verbrechens nach § 347 Absatz 1 ist natürlich möglich und nach §§ 43, 44 zu bestrafen, nicht dagegen nach allgemeinen Grundsätzen ein Versuch des Vergehens nach Absatz 2.

Teilnahme ist in allen Formen möglich und strafbar, falls auch der Teilnehmer die Beamtenqualität hat. Als Anstifter und Gehilfe kann, wie bei allen Amtsdelikten, auch ein Nichtbeamter teilnehmen[58]), ebenso im vorliegenden Fall auch als Täter, da es sich um ein uneigentliches Amtsdelikt handelt. Doch ist bei der Bestrafung § 50 St.-G.-B. zu berücksichtigen, derart, dass den Beamten die qualifizierten Strafen des § 347, den Nichtbeamten dagegen nur die einfachen der §§ 120, 121 treffen.

---

[57]) R.-G. 26, p. 334.

[58]) cf. Nagler: Die Teilnahme am Sonderverbrechen, Leipzig 1903, p. 116: „In Übereinstimmung mit der dermalen herrschenden Meinung ist daher die Frage, ob eine Teilnahme Dritter am Sonderverbrechen denkbar und durch das Reichsstrafrecht unter Strafe gestellt ist, unbedingt zu bejahen." A. A. Koppmann: Die Strafbarkeit der Teilnahme von Zivilpersonen an rein militärischen Delikten. 1903. p. 30 ff.

Aus dem Angeführten dürfte zur Genüge erhellen, dass die Trennung des § 347 von den die Gefangenenbefreiung behandelnden §§ 120, 121 nicht zweckentsprechend, und daher die zusammenfassende Behandlung anzustreben ist.

Zum Schluss wäre noch das Verhältnis der Gefangenenbefreiung zu der Begünstigung nach § 257 St.-G.-B. zu untersuchen. Decken sich die Tatbestände beider Vergehen dergestalt, dass die Gefangenenbefreiung nur ein Unterfall der Begünstigung ist, dass m. a. W. zwischen beiden Delikten eine sogenannte Gesetzeskonkurrenz besteht, und demnach eine wirkliche Deliktskonkurrenz ausgeschlossen ist, oder ist letztere möglich[59]? Eine genauere Untersuchung führt hier zu dem Resultat, dass die Voraussetzungen beider Delikte subjektiv, wie objektiv durchaus verschieden sind. Objektiv verlangt die Gefangenenbefreiung nur das Vorliegen einer „Gefangenschaft" in dem mehrerwähnten Sinn und eines Angriffes auf die in derselben zum Ausdruck kommende staatliche Strafgewalt, nicht aber ist Voraussetzung die Begehung einer strafbaren Handlung, wie bei der Begünstigung; ebenso erfordert subjektiv die Gefangenenbefreiung nur das Bewusstsein der Gefangenschaft und den Vorsatz der Aufhebung dieser Gefangenschaft, die Begünstigung dagegen Wissenschaft von der strafbaren Handlung und die Absicht, den Täter der Strafe zu entziehen oder ihm die Vorteile seiner Tat zu sichern. Wenn also auch die Begünstigung sich in der Form der Gefangenenbefreiung vollziehen kann, so liegen doch die begrifflichen Tatbestände vollkommen getrennt nebeneinander. Die Begünstigung ist — nach Binding — Angriff auf das staatliche Strafrecht, Gefangenenbefreiung auf das staatliche Haftrecht. Daher ist auch wirkliche Konkurrenz zwischen beiden Delikten vollkommen möglich[60].

---

[59]) cf. hierüber Olshausen, Note 20 zu § 257, und die dort Angeführten. Frank zu § 120, VI.

[60]) R.-G. 7, p. 244.

IV.

Resultate.

Um die gewonnenen Resultate nochmals zusammenzufassen, so wären dieselben kurz in folgende Vorschläge zu präzisieren:

1. Änderung des § 120 St.-G.-B. dahin, dass die Erwähnung der Hilfeleistung zur Selbstbefreiung wegfällt.

2. Einfügung des folgenden:

„§ 120a. Ein Gefangener, der sich aus der Gefangenanstalt oder aus der Gewalt der bewaffneten Macht, des Beamten oder desjenigen, unter dessen Beaufsichtigung, Begleitung oder Bewachung er sich befindet, eigenmächtig befreit, wird mit Gefängnis bis zu drei Jahren bestraft."

„Der Versuch ist strafbar."

3. Systematische Angliederung des Tatbestandes des § 347 an § 121 etwa durch Aufnahme des folgenden Absatz 3:

„Ist die Handlung von einem Beamten begangen, dem kraft seines Amtes die Beaufsichtigung, Begleitung oder Bewachung des Gefangenen anvertraut war, so tritt im Falle des Absatz 1 Zuchthausstrafe bis zu fünf Jahren oder, falls mildernde Umstände vorliegen, Gefängnisstrafe nicht unter einem Monat, im Falle des Absatz 2 Gefängnisstrafe bis zu sechs Monaten oder Geldstrafe bis zu 600 Mark ein."

Literatur-Verzeichnis.

Ausser der im Text und den Fussnoten speziell angeführten Literatur wurden folgende Werke benutzt:

Bauer: Lehrbuch der Strafrechtswissenschaft. Göttingen 1827.

v. Berg: Juristische Beobachtungen und Rechtsfälle. Hannover III. 1802—1810.

Berner: Die Strafgesetzgebung in Deutschland vom Jahre 1751 bis zur Gegenwart. Leizig 1867.

Berner: Lehrbuch des deutschen Strafrechts. Siebzehnte Auflage 1895.

Beseler: Kommentar zum St.-G.-B. für die preussischen Staaten. 1851.

Binding: Die Normen und ihre Übertretung I, II. Leipzig 1872, 1877. I (zweite Auflage) 1890.

Binding: Grundriss des deutschen Strafrechts. Allgemeiner Teil. Sechste Auflage. 1902.

Blätter für Gefängniskunde, Band 36.

Broecker: Maleficus ob fugam e carcere graviter puniendus.

Brunner: Deutsche Rechtsgeschichte. 1892.

Carpzov: Decisiones criminales. 1646.

Eichhorn: Deutsche Staats- und Rechtsgeschichte. Fünfte Auflage. Göttingen 1843.

Entwurf eines St.-G.-B. für den norddeutschen Bund nebst Motiven. Berlin 1869.

Feuerbach: Lehrbuch des in Deutschland gültigen positiven peinlichen Rechts. Dreizehnte Auflage. Herausgegen von Mittermayer. 1843.

Frank: Kommentar zum St.-G.-B. für das deutsche Reich. Dritte u. vierte Auflage. 1903.

Grimm: Deutsche Rechtsaltertümer. Zweite Auflage. Göttingen 1854.

Handbuch der deutschen Rechtswissenschaft herausgegeben von Binding u. a.

Heffter: Lehrbuch des deutschen Kriminalrechts. Dritte Auflage. Halle 1846.

Hitzig: Zeitschrift für Kriminalrechtspflege. Jahrgang 1836, erster Supplementsband.

Höinghaus: Das neue St.-G.-B. für den norddeutschen Bund mit den vollständigen amtlichen Motiven. Fünfte Auflage. Berlin 1876.

Holtze: Brandenburgisch-preussische Rechtsgeschichte. Berlin 1890 ff.

Jahrbücher für Nationalökonomie und Statistik. Herausgegeben von Conrad.

John: Das Strafrecht in Norddeutschland.

Klenze: Lehrbuch des gemeinen Strafrechts. 1833.

Kohler: Studien aus dem Strafrecht. Mannheim 1890 ff.

Kurz: Österreich unter Herzog Albrecht IV. Linz 1830.

Laband: Das Magdeburg-Breslauer systematische Schöffenrecht. Berlin 1863.

Leist: Graeko-italische Rechtsgeschichte. Jena 1884.

v. Liszt: Lehrbuch des deutschen Strafrechts. Zwölfte und Dreizehnte Auflage. 1903.

Matthis: Christian Thomasius. Freiburger Dissertation. 1901.

Miraeus: Corpus iuris glossatum.

Mommsen: Pandektenausgabe.

Motive zum Entwurf eines St.-G.-B. für den norddeutschen Bund.

München: Das kanonische Gerichtsverfahren und Strafrecht. 1865/66.

Neue Sammlung sämtlicher in der preussischen Rheinprovinz für Rechtspflege und Verwaltung Geltung habenden preussischen Gesetze und Verordnungen.

Oelrichs: Vollständige Sammlung alter und neuer Gesetzbücher der freien Stadt Bremen. 1771.

Olshausen: Kommentar zum St.-G.-B. Fünfte Auflage.

Oppenhoff: Das St.-G.-B. für das deutsche Reich.

Osenbrüggen: Das alamannische Strafrecht. Schaffhausen 1860.

Pözl: Kritische Vierteljahrsschrift, Band 8.

Rauch: Rerum Austriacarum scriptores. III. 1794.

Reformation oder ernewerte Ordnung dess Heyl. Reichs Statt Frankfurt a. M.

Reichstagsverhandlungen.

Rein: Kriminalrecht der Römer. Leipzig 1844.

R.-G. = Entscheidungen des Reichsgerichts in Strafsachen, herausgegeben von den Mitgliedern des Gerichtshofes.

Rosshirt: Geschichte und System des deutschen Strafrechts. 1, 2, 3. Stuttgart 1838/9.

Rosshirt: Lehrbuch des Kriminalrechts.

Rössler: Die Stadtrechte von Brünn aus dem 13. und 14. Jahrhundert. Prag 1859.

Rüdorff: Das St.-G.-B. für das deutsche Reich.

Sammlung hessischer Landesordnungen.
Schauberg: Zeitschrift für noch ungedruckte schweizerische Rechtsquellen.
Schletter: Konstitutionen des Kurfürsten August von Sachsen vom Jahre 1572.
Schröder: Lehrbuch der deutschen Rechtsgeschichte. 1902.
Scotti: Sammlung der Gesetze und Verordnungen von Jülich, Cleve und Berg.
Schwarze: Kommentar zum St.-G.-B. für das deutsche Reich. Leipzig 1871.
v. Selchow: Magazin für die teutschen Rechte.
Senckenberg: Corpus iuris Germanici. I.
Stenglein: Lexikon des Strafrechts. Berlin 1900.
Stintzing-Landsberg: Geschichte der deutschen Rechtswissenwissenschaft. 1880 und später.
Stobbe: Geschichte der deutschen Rechtsquellen. 1860.
v. Strombeck: Westpreussisches Provinzialrecht. Bd. 1 u. 3.
Temme: Lehrbuch des gemeinen deutschen Strafrechts. 1876.
Tractatus diversi super maleficiis.
Untersuchungen zur deutschen Staats- und Rechtsgeschichte, herausgegeben von Gierke. Band 53—56, 59—63.
v. Wächter: Beiträge zur deutschen Geschichte. Tübingen 1845.
v. Wächter: Beitrag zur Geschichte und Kritik der Entwürfe eines St.-G.-B. für den norddeutschen Bund. Leipzig 1870.
v. Wächter: Lehrbuch des römisch-teutschen Strafrechts. Stuttgart 1825/6.
v. Wächter: Gemeines Recht Deutschlands. Leipzig 1844.
Waitz: Recht der Franken. 1846.
Walch: Vermischte Beiträge zu dem deutschen Recht.
Weiske: Der Sachsenspiegel.
Wilda: Geschichte des deutschen Strafrechts. I. Halle 1842.
Zeitschrift für die gesamte Strafrechtswissenschaft. Bd. 3, 16, 18.
Zeitschrift für deutsches Recht. Band 17—20.
Zeitschrift für Rechtsgeschichte. Band 3, 4, 5.
Zumpt: Kriminalrecht der römischen Republik. Berlin 1865—1869.

FSC
www.fsc.org
MIX
Papier | Fördert gute Waldnutzung
FSC® C083411

Kolibri 360 GmbH
Ferdinand-Jühlke-Straße 7
99095 Erfurt, Deutschland
produktsicherheit@kolibri360.de